Inhalt

Einleitung 7

Gottesdienstmodell mit Zeichenliturgie:
Als Beispiel: Fünfundzwanzigster Sonntag,
Lesejahr C 13

Gottesdienstmodelle mit Zeichen- und Bewegungsliturgie

1	Advent:	Segnung des Adventskranzes	21
2	Advent:	Salz schmecken und Salz sein	25
3	Weihnachten:	Mit Duftöl Weihnachten riechen ...	27
4	Weihnachten:	Stille Anbetung des Kindes	29
5	Fastenzeit:	Schuldenberg aus Holzklötzchen ...	31
6	Fastenzeit:	Kreuzweg-Gang	33
7	Osterzeit:	Verneigung vor der Osterkerze	35
8	Osterzeit:	Kerzen vom Licht der Osterkerze entzünden	37
9	Jahreskreis:	Verneigung vor dem Evangeliar	39
10	Jahreskreis:	Sich mit Taufwasser bekreuzigen ...	41
11	Jahreskreis:	Von Gottes Wort berührt	43
12	Jahreskreis:	Weihrauchkorn einlegen	46
13	Jahreskreis:	Chrisamöl – Duft des christlichen Glaubens	48
14	Jahreskreis:	Von Gottes Wort entflammt	50
15	Jahreskreis:	Gott steht zu uns und wir zu ihm ..	52
16	Jahreskreis:	Miteinander Brot teilen	54
17	Jahreskreis:	»Sorgenblättchen« verbrennen	56
18	Jahreskreis:	Das Wort Gottes annehmen	58
19	Jahreskreis:	Betend beschenkt werden	60
20	Jahreskreis:	Gottes Wort befreit von Sünde	62

Zeichenhafte Wort-Gottes-Feiern für kleine und große Gruppen

1 Jesus segnet die Kinder (Mk 10,13–16)
Bewegte und zeichenhafte Wort-Gottes-Feier von
Eltern mit Eltern und ihren Kleinkindern 67

2 Mit den Emmausjüngern Jesus, dem Auferstandenen, begegnen.
»Bewegte« Wort-Gottes-Feiern von Jugendlichen
mit Jugendlichen am Ostermontag 71

3 Jesus preist auch mich, einen alten Menschen, selig.
Zeichenhafte Wort-Gottes-Feier für alte Menschen .. 77

4 Selig sein, weil Jesus lebt.
Meditativ-zeichenhafte Wort-Gottes-Feier für überschaubare Gruppen am frühen Sonntagmorgen oder
am Sonntagabend. (von jung bis alt) 83

5 Jesus heilt das zerbrochene Gefäß der Beziehung,
er heilt Sünde.
Zeichenhafte Wort-Gottes-Feier für eine überschaubare Gruppe von jung bis alt. 89

6 Den Saum des Gewandes Jesu berühren.
Zeichenhafte Wort-Gottes-Feier mit kranken
Menschen. 95

7 Tageslob oder Abendlob mit Luzernar mit der
Gemeinde oder einer kleinen Gruppe 101

H. Bauernfeind / K. Schlemmer

Feiern in Zeichen und Symbolen

Neue Modelle für
priesterlose Gottesdienste

Herder
Freiburg · Basel · Wien

Umschlaggestaltung: Finken & Bumiller, Stuttgart
Bildmotiv: W. Müller

Alle Rechte vorbehalten – Printed in Germany
© Verlag Herder Freiburg im Breisgau 1998
Satz: Fotosetzerei G. Scheydecker, Freiburg im Breisgau
Herstellung: Freiburger Graphische Betriebe 1998
ISBN 3-451-26523-0

Einleitung

Es gehört heute zur Realität vieler katholischer Gemeinden, daß am Sonntag keine Eucharistie gefeiert werden kann. Bei der Suche nach Lösungen dieses kirchlich-existentiellen Problems ist man insofern weitergekommen, als nach Gestaltungsformen für Sonntagsgottesdienste ohne Priester gesucht worden ist. Auch theologisch wurde diese Fragestellung ausgiebig behandelt.[1] Dennoch wird man immer von sonntäglichen Notlösungen sprechen müssen, die keine Eucharistiefeier ersetzen können. Um so notwendiger ist es, daß die Wort-Gottes-Liturgie bestmöglich vorbereitet und von gut ausgebildeten Frauen und Männern geleitet werden. Eine wichtige Praxishilfe stellt dabei das von Karl Schlemmer herausgegebene dreibändige Werk für Gottesdienste ohne Priester dar.[2] Während im Band A noch Modelle mit Kommunionfeiern angeboten werden, sind diese in den Bänden B und C nur noch im Anhang genannt. Zwar sprach der Würzburger Synodentext von einem Wort- und Kommuniongottesdienst[3], doch stellte sich bald die Frage nach der theologischen Angemessenheit. Denn solche Wortgottesdienste mit Kommunionfeiern wurden

---

[1] So ist auf die drei von Prof. Dr. Karl Schlemmer geleiteten Symposien zu diesem Thema zu verweisen, welche seit 1990 unter internationaler und bischöflicher Beteiligung im Nikolaus-Kolleg des Klosters Andechs stattgefunden haben. – Vgl. Bernhard Kirchgessner, Kein Herrenmahl am Herrentag? Eine pastoralliturgische Studie zur Problematik sonntäglicher Wort-Gottes-Feiern. Regensburg 1996.
[2] Karl Schlemmer, Gottesdienste ohne Priester. 72 Modelle und Anregungen. (Lesejahr A-B-C/3 Bände.) Freiburg/Br. 1994. – Die 1. Auflage erschien unter dem Titel »Gemeinde am Sonntag«. Ab der 2. Auflage ändert sich der Titel in »Gottesdienste ohne Priester«.
[3] Vgl. Beschluß: Gottesdienst, in: Gemeinsame Synode der Bistümer in der Bundesrepublik Deutschland. Beschlüsse der Vollversammlung. Offizielle Gesamtausgabe I. Freiburg – Basel – Wien. 1989. 196–225, hier 204.

als »Meßfeiern ohne Hochgebet« mißverstanden[4]. Jedenfalls erwies und erweist sich eine Kommunionfeier als wenig hilfreich und sinnvoll. Dennoch werden diese in nicht wenigen Gemeinden beibehalten. Hinzu kommt die Feststellung, daß in den Gemeinden, in welchen aus theologischer Einsicht ein reiner Wortgottesdienst gefeiert wurde, ein Defizit spürbar geworden ist. Denn es entsprach nicht den sinnenhaften Vorstellungen katholischer Gemeinden, »nur« Wortgottesdienst zu feiern. Ihnen fehlte das besondere Erleben der Kommunion. Damit soll keineswegs der evangelische Gottesdienst kritisiert werden, der immer noch als reiner Wortgottesdienst gefeiert wird. Hier soll lediglich die katholische Mentalität berücksichtigt werden. Auf Grund dieser Defiziterfahrungen und der theologischen Fragwürdigkeit von Kommunionfeiern bei Wortgottesdiensten schien es angebracht, nach neuen Wegen zu suchen. Dabei kann auf positive Erfahrungen mit Symbolgottesdiensten zurückgegriffen werden. So entstand die Idee, im Sonntagsgottesdienst ohne Priester eine Zeichen- und Bewegungsliturgie in eine ausgewogene Beziehung zum Wortgottesdienst zu stellen. In einem ersten Teil wird das Wort Gottes gehört, angenommen und für das heutige Leben bedacht. In einem zweiten Teil wird schließlich die Feier des Wortes Gottes in einer Zeichen- und Bewegungsliturgie vertieft und somit der Zuspruch Gottes intensiver erlebt und der Glaube sinnenreich ausgedrückt. Dies entspricht dem Bedürfnis vieler katholischer Christen und Christinnen nach Ausdruck und Bewegung im Gottesdienst.

Die vorliegende Publikation bemüht sich in ihrem ersten Teil um Kompatibilität zu den drei Bänden »Gottesdienste ohne Priester«. Die dargelegten Modelle stellen Möglichkeiten eines harmonischen Anschlusses an den Wortgottesdienst dar und wollen nicht als einengende Rubriken verstanden werden. Hier handelt es sich um eine Praxishilfe, die von den verant-

---

[4] Vgl. Karl Schlemmer, Herrentag ohne Herrenmahl? Eine letztmalige Stellungnahme zu einer pastoralliturgischen Problematik, in: Anzeiger für die Seelsorge 105 (1996) 480–489.

wortlichen Frauen und Männern variabel eingesetzt werden kann.

Auf diese Weise soll zu eigener Kreativität ermutigt werden, welche sich gerade auf die entsprechende Situation der Gemeinde hin entfaltet. Die Feier situationsgemäß zu begehen, beinhaltet folgende Feststellungen, die in dieser Veröffentlichung berücksichtigt werden.

- Die Vorschläge bedenken die Versammlung einer Gemeinde, die sonntäglichen Größenordnungen entspricht. Es findet sich also Zeichen- und Bewegungsliturgie vor, die von allen Mitfeiernden – je nach ihren Möglichkeiten – mitvollziehbar ist. Es wird darauf geachtet, daß alle Generationen sich angesprochen und einbezogen wissen. Darüber hinaus ist es sinnvoll, Ministranten und Ministrantinnen, Gottesdiensthelfer und -helferinnen als Dienste zu integrieren.
- Wenn in den Vorschlägen Lieder oder meditative (Instrumental)Musik empfohlen wird, so sind selbstverständlich die Möglichkeiten verschiedener Chöre und Instrumente nicht ausgeschlossen. In besonderen Fällen kann meditative Musik auch über den CD-Player eingespielt werden. Insgesamt wäre es wichtig, den Gemeindegesang nicht zu kurz kommen zu lassen.
- Die in den Gottesdienstmodellen vorgeschlagenen Lieder sind entweder dem Gotteslob (GL) entnommen oder der Sammlung Effata 1 (Effata), Neue religiöse Lieder für Gottesdienste und Gruppen, herausgegeben vom Bischöflichen Jugendamt Passau, Innbrückgasse 9, 94032 Passau. – Doch sind die meisten vorgeschlagenen Lieder auch in anderen Sammlungen mit religiösen Liedern enthalten.
- Eine Vorbereitung, die junge Leute und verschiedene andere Gruppierungen der Gemeinde miteinbezieht, wird darüber hinaus in Gestaltung und Gesang zu einer deutlichen Lebendigkeit und Vielfalt mitbeitragen.
- Die vorliegende Veröffentlichung bedenkt weiterhin, den Kirchenraum noch mehr in seinen Möglichkeiten an den entsprechenden Orten zu nutzen und berücksichtigt die kirchlichen Jahreszeiten.

- Großer Wert wird auf den Ort des Evangeliars gelegt. Es sollte klar werden, daß Jesus Christus im versammelten Volk Gottes, in den Leitern und Leiterinnen des Gottesdienstes und besonders augenscheinlich im Wort Gottes anwesend ist. Darum möge das Evangeliar für alle gut sichtbar und exponiert ausgesetzt werden. Sehr häufig findet die Zeichen- und Bewegungsliturgie ihren Ausgangspunkt und ihre Handlungsmitte beim Evangeliar.
- Die vorfindlichen Modelle basieren auf Zeichen, die keiner Oberflächlichkeit Vorschub leisten wollen, sondern bei innerer Annahme tiefere Empfindungen im Glauben zum Ausdruck bringen. Es geht im letzten um die Begegnung mit Gott, der sich zuwendet und dem die versammelte Gemeinde in Gesang, Gebet, Bewegung und innerer Offenheit antwortet.
- Im übrigen eröffnen kreativ gestaltete Sonntagsgottesdienste ohne Priester unter Einbezug von Zeichen- und Bewegungsliturgie die Chance, aus den gemachten Erfahrungen die Feier der Eucharistie ebenfalls mit zeichenhaften Elementen zu vertiefen und zu bereichern.
- Ziel ist es insgesamt, eine menschengerechte Liturgie zu feiern, bei der sich die Gemeinde ganz bewußt als Subjekt der Liturgie erlebt.

Das erste Modell für den Advent beinhaltet die Segnung des Adventskranzes und weicht formal von den übrigen Vorschlägen ab. Des weiteren wird dort der Wortgottesdienstleiter/die Wortgottesdienstleiterin den Adventskranz segnen. Dies mag für manche Gemeinde ungewöhnlich wirken. Hier hilft ein Blick in die Pastorale Einführung des Benediktionale, welche nach der Feststellung, daß Segnungen immer Tun der Kirche sind, über den Spender darlegt: »Auf Grund des allgemeinen Priestertums oder besonderen Priestertums oder eines besonderen Auftrages kann jeder Getaufte und Gefirmte segnen.«[5]

---

[5] Liturgische Institute Salzburg – Trier – Zürich (Hrsg.), Benediktionale. Studienausgabe für die katholischen Bistümer des deutschen Sprachgebietes. Einsiedeln – Zürich – Freiburg – Wien 1981. 16/Abs. 18.

Zwar werden bestimmte Segnungen auf Bischof, Priester oder Diakon bezogen, besonders je mehr sie auf die Kirche und auf ihre sakramentale Mitte bezogen sind, dennoch ist es Wortgottesdienstleitern und -leiterinnen möglich, den Adventskranz zu segnen. Dieses Wissen sollte helfen, skeptische Gemeinden zu »beruhigen«.

Die vorgeschlagenen Modelle sind variabel für die jeweiligen Lesejahre A – B – C anwendbar. Zur Verdeutlichung einer Verbindung von Wortgottesdienst (aus: *Gottesdienste ohne Priester*) und Zeichen und Bewegungsliturgie (aus: *Feiern in Zeichen und Symbolen*) möge folgendes Beispiel dienen.

Als Modell dafür, wie Wort-Gottes-Feier und Zeichen- bzw. Bewegungsliturgie miteinander in ein ausgewogenen Verhältnis zueinander gestellt werden können, sind die Texte des 25. Sonntags im Lesejahr C hier vollständig abgedruckt (siehe S. 13). Es zeigt, daß die Inhalte von »Gottesdienste ohne Priester« und die »Zeichenliturgie« sinnvoll zueinandergefügt werden. Die Kreativität wird davon nicht eingeschränkt, eher angeregt. Möge diese Publikation dazu beitragen, daß in den Gemeinden, die am Sonntag keine Eucharistie mehr feiern können, sich dennoch Gemeinde versammelt, um den Zuspruch Gottes menschengerecht zu erleben und die Antwort im Glauben menschengerecht zum Ausdruck zu bringen.

Im zweiten Teil dieser Publikation werden darüber hinaus zeichenhafte bzw. »bewegte« Wort-Gottes-Feiern mit kleineren Gruppen (Eltern mit Kindern, Jugendliche, Alte) oder Großgruppen dargeboten. Hier verschmelzen entweder Wort-Feier und Zeichenfeier oder sie werden in einem ausgewogenen Verhältnis zueinandergeordnet. Darunter findet sich ebenfalls eine Versöhnungsliturgie, bei der der vom Bischof beauftragte Wortgottesdienstleiter/die Wortgottesdienstleiterin die Monstranz zur Anbetung und Verehrung aussetzt. Wichtig für den Leiter/die Leiterin ist, zu wissen, daß er/sie die Monstranz mit dem Brot aussetzen darf, jedoch nicht segnen. Den Abschluß dieses Buches bildet ein Luzernar (Lichtfeier), welches am Morgen oder am Abend gefeiert werden kann.

Wir wünschen allen, die in einer Zeit des Priestermangels durch gut gestaltete Wort-Gottes-Feiern die christliche Gemeinde stärken, Gottes Segen für ihren wichtigen Dienst.

Passau, am 1. Adventssonntag *Hans Bauernfeind*
Karl Schlemmer

Gottesdienstmodell mit Zeichen- und Bewegungsliturgie

Als Beispiel:
FÜNFUNDZWANZIGSTER SONNTAG
Lesejahr C
mit Zeichen- und Bewegungsliturgie
(als Ergänzung zu »Gottesdienste ohne Priester«, Lesejahr C,
Seite 221–224)

ERÖFFNUNG

Gemeindelied (Hymnus)
Nun jauchzt dem Herren, alle Welt: GL 474.

Begrüßung und Einführung
Die Gnade und der Friede des dreifaltigen Gottes erfülle uns und sei immer mit uns! –
Der Horizont des Weltmenschen hört beim Kapital auf, der Jünger Jesu lebt von den Zusagen seines Herrn. Er begnügt sich nicht mit der Sicherung von ein paar Lebensjahren; denn das sind für ihn keine letzten Realitäten. Vielmehr hat er die Ewigkeit im Blick. Wo die Kinder dieser Welt am Ende sind, geht sein Leben erst richtig an. Die »Kinder des Lichtes« sind eben dann klug, wenn sie die bleibenden Werte im Auge haben und dafür Zeit und Kraft aufwenden.

WORTGOTTESDIENST

Gesang der Psalmen
Am Morgen (Laudes):
Psalm 94 (Gott, Richter der Welt): GL 739, 1 und 2;
Lobgesang aus dem Buch Jesaja (Der Herr tröstet sein Volk): GL 120, 1

und *Chorbuch* I, S. 44/45 (kann gesprochen werden);
Psalm 104 A (Lob des Schöpfers): GL 743, 1 und 2.

Am Vorabend oder Abend (Vesper):
Psalm 4 (Gottes Schutz in der Nacht): GL 697, 1 und 2;
Psalm 8 (Herrlichkeit des Schöpfers): GL 710, 1 und 2;
Lobgesang aus dem Titusbrief (In Christus leben): GL 646, 3 und *Chorbuch* I, S. 182/183 (kann auch gesprochen werden).

Lesung Lk 16, 1–13
In einer Moral der Bürgerlichkeit und Sicherheit ist für das Wagnis kein Raum. Der Jünger Jesu wird vielmehr auf die Treue im Kleinen verpflichtet, die ihn im Umgang mit den alltäglichen Dingen konsequent und beweglich sein läßt.

Antwortgesang
»Wer leben will wie Gott auf dieser Erde«: GL 183.
Im Wechsel von Kantor/Schola und Gemeinde.

Homilie (Ansprache)

Geistliche Lesung *(kann entfallen)*
Um ganz zu verstehen, was uns das Gleichnis sagen will, müssen wir uns möglichst konkret die Situation und die Weise vorstellen, in denen Jesus das Gleichnis erzählt. Er erzählt zunächst einfach die Geschichte von diesem raffinierten Verwalter. Die Zuhörer hören sie, sie sind entweder über eine Lumperei entrüstet, der sie selber schon oft genug in ihrem Leben begegnet sind, oder sie denken (bei der milden Interpretation des schlauen Kunststücks des Verwalters) eher gelangweilt: Was soll das denn, so macht man es eben im Leben. Mit dem Herrn, der im Gleichnis den Verwalter lobt, ist im ursprünglichen Gleichnis Jesus selbst, nicht der Herr des Verwalters gemeint. Und wenn Jesus, nachdem er die Geschichte erzählt hat, nun plötzlich diesen Verwalter lobt, auch wenn nur wegen seiner Klugheit, dann haben gewiß die Zuhörer plötzlich aufgehorcht und gestutzt. Und sie haben diese alltägliche Geschichte mit ganz anderen Augen zu betrachten angefangen. Da steht plötz-

lich vor ihnen einer, der in einer scheinbar ausweglosen Situation sich etwas Neues, Kühnes, Unerwartetes einfallen läßt, der seine Situation realistisch-kühl beurteilt, der dennoch nicht aufgibt, der nicht versucht, die schuldigen Beträge schnell noch einzutreiben, um so noch ein Stück Geld für sich zu retten, der vielmehr das scheinbar ihn selbst Schädigende als den rettenden Ausweg für sich erkennt, der alles auf eine Karte setzt, »gewinnt, indem er den Mut hat, zu verlieren«.

Karl Rahner

Lobpreis (kann entfallen)
Am Morgen:
»Richte uns wieder aus, Gott, unser Heil«: GL 735, 1;
dazu das Benedictus (Lobgesang des Zacharias): GL 89, 2.
Am Vorabend oder Abend:
»Vertraut auf den Herrn; er ist Helfer und Schild«: GL 745, 1;
dazu das Magnifikat (Lobgesang Mariens): GL 689.

Fürbitten
Wir wollen beten zu unserem Herrn und Bruder Jesus Christus, der unser Fürsprecher beim Vater ist: (oder andere Fürbitten und Rufe)
V: Christus, höre uns. GL 766, 2.
A: Christus, erhöre uns.
Für alle, die in Politik und Wirtschaft Verantwortung tragen: daß sie ihre Macht und ihre Fähigkeiten zum Wohl der Menschen einsetzen.

Für alle, die in caritativen Diensten tätig sind: daß sie tatkräftig die vielfältige Not lindern und überwinden helfen.

Für alle, die an einer gesellschaftlichen Neuordnung arbeiten: daß sie sich durch den Geist Gottes stärken und leiten lassen.
(weitere Fürbitten möglich)

Allmächtiger Gott, schau auf deine Gemeinde, für die sich dein Sohn hingab, und erhöre unsere Bitten durch ihn, Christus, unseren Herrn. A: Amen.

Nach den Fürbitten:

ZEICHENLITURGIE
»Sinnhaft Glauben erleben«

Lied: Zu dir, o Gott, erheben wir (GL 462, 1–2)

Einladung
Sich zu verneigen, ist Ausdruck der Ehrzuweisung. Jemanden zu ehren, bedeutet, ich achte ihn oder sie, ich schenke dankbare Aufmerksamkeit. Sich ehrend zu verneigen, zeigt, wie ich dankbar jemanden als wichtig für mein Leben anerkenne. Wenn wir uns vor dem Evangeliar verneigen, dann ehren wir kein Buch, sondern Jesus Christus in seinem Wort, dann bekennen wir, wie wertvoll und lebensbegleitend sein Wort für uns ist. Wenn wir uns verneigen, dann bekennen wir, diesem Wort zu trauen und unser Leben unter dieses wegweisende Wort zu stellen.
Ich lade sie ein, vor das Evangeliar hinzutreten und sich ehrend vor dem Wort Gottes zu verneigen.

(Die Mitfeiernden treten hervor und verneigen sich ehrend vor dem Evangeliar, das schreinartig in der Nähe des Ambo aufgestellt ist. Wer nicht zum Wort Gottes hervortreten kann, möge vom Platz aus die Verneigung vollziehen.)

Verneigung vor dem Evangeliar (meditative Musik)

Lied: Lobet den Herren alle, die ihn ehren (GL 671, 5–6)

Vater unser
Wenn wir uns im Gebet mit Jesus Christus vereinen und seine Worte mit anstimmen, die er zu seinem mütterlichen Vater im Himmel gesprochen hat, dann ehren wir Gott. So laßt uns gemeinsam beten:

Gemeindegebet oder Meditation
wie in »Gottesdienste ohne Priester« (S. 223)

Dankgebet
Guter Gott, du segnest uns mit deinem Wort
und hast uns in Jesus Christus dieses Wort
persönlich zugesprochen.
Wir danken dir dafür und bitten dich um deinen
Heiligen Geist, damit wir mutig dein Wort aufnehmen
und aus ihm Kraft finden für unser Leben.
So bitten wir durch Jesus Christus, unseren Herrn.

ENTLASSUNG

Segenswort (S. 224) oder **Segensbitte**
Der Herr segne und behüte uns, er lasse sein Angesicht über
uns leuchten und schenke uns seinen Frieden.
A: Amen

Gehen wir im Frieden und leben wir Gotteswort.
A: Dank sei Gott.

Gottesdienstmodelle mit
Zeichen- und Bewegungsliturgie

1 Segnung des Adventskranzes

Zeichenliturgie im Advent

Stiller Einzug

Hinführung
Mit dem heutigen Tag endet die Zeit des Jahreskreises der Kirche. Eine neue Zeit beginnt. Wir treten ein in den Advent und erwarten mit hoffnungsfrohem Herzen die Geburt Jesu Christi, des Gottessohnes. Der Adventskranz ist uns dabei ein Begleiter. Wir segnen ihn heute. Zugleich werden wir nach den biblischen Lesungen und der Homilie die erste Kerze feierlich entzünden. Rufen wir das Erbarmen Jesu Christi zu Beginn der Adventszeit auf uns herab.

Kyrie-Rufe
Herr Jesus Christus,
du willst kommen, uns zu heilen und zu erneuern.
V/A: Herr, erbarme dich.
Du schenkst uns Vergebung und Neuanfang.
V/A: Christus, erbarme dich.
Du stärkst Glaube, Hoffnung und Liebe in deiner Kirche.
V/A: Herr, erbarme dich.

Gebet
Guter Gott, die Welt ist erfüllt von der Stimme des Engels,
der die Geburt deines Sohnes verheißt.
Wir danken dir, daß du zu uns kommst.
Laß uns das ganze Leben neu auf dich hin ausrichten,
damit wir dich mit den Hirten froh und dankbar schauen und
von deiner Gegenwart Kraft und Segen erlangen.
So bitten wir, im Heiligen Geist mit dir verbunden, durch Jesus Christus, unseren Herrn.

1. Lesung vom Tag / Antwortgesang

2. Lesung vom Tag / Antwortgesang

Evangelium vom Tag

Homilie (Vgl. »Gottesdienste ohne Priester«)

Credo

Fürbitten (Vgl. »Gottesdienste ohne Priester«)

Nach den Fürbitten:

ZEICHENLITURGIE

Lied: O Heiland, reiß die Himmel auf (GL 105, 1–6)

Einladung
Wir haben das Wort Gottes zum 1. Advent gehört, wir haben es für unser Leben bedacht. Segnen wir nun unseren Adventskranz, damit er uns an die Geburt des Gottessohnes erinnert. Segnen wir die Kerzen, damit sie unser Herz wärmen und erhellen, damit wir Weihnachten mit frohem und erneuertem Herzen feiern können.

V: Gepriesen bist du Herr, unser Gott. Du hast alles erschaffen, denn du bist die Liebe und der Quell des Lebens. Wir loben dich.
A: Wir preisen dich.
V: Dein Geist erleuchtet unsere Herzen, damit wir erkennen, zu welcher Hoffnung wir berufen sind. Wir loben dich.
A: Wir preisen dich.

V: Ehre sei dem Vater und dem Sohn und dem Heiligen Geist.
A: Wie im Anfang, so auch jetzt und alle Zeit und in Ewigkeit. Amen.

(aus: Segnung aus Benediktionale. Studienausgabe für die katholischen Bistümer des deutschen Sprachgebietes, S. 30f. – Der Dienst des Vorbetens wurde auf den Wortgottesdienst hin modifiziert.)

Kranzsegnung
V: Lasset uns beten:
Wir danken dir, Herr, unser Gott.
Du schenkst uns auch in diesem Jahr wieder die Freude des Advents.
Wir dürfen in Hoffnung und Zuversicht deinen Sohn erwarten, Christus, unseren Erlöser.
Segne + diesen Kranz und laß uns in den kommenden Tagen in der Gnade wachsen.
Darum bitten wir durch Jesus Christus, unseren Herrn.
A: Amen.
(Kranz wird sichtbar mit Weihwasser besprengt und mit Weihrauch beräuchert.)

Segnung der Kerzen
V: Lasset uns beten:
Gott, du hast deinen Sohn als Licht in die Welt gesandt.
Segne + diese Kerzen. Sie mögen uns in den Tagen des Advent an Jesus Christus erinnern, der jeden Menschen erleuchten will.
Wie wir an jedem Sonntag ein neues Licht an diesem Kranz entzünden, so laß uns in der Liebe Christi wachsen.
Mache uns bereit für die Feier seiner Geburt und laß uns einmal seine Herrlichkeit voll Gnade und Wahrheit schauen.
Darum bitten wir durch Christus, unseren Herrn.
A: Amen.
(Kerzen werden sichtbar mit Weihwasser besprengt und mit Weihrauch beräuchert.)

Einladung
So laßt uns nun mit dem Lied »Wir sagen euch an den lieben Advent« die erste Kerze feierlich entzünden.

Feierliche Entzündung der ersten Kerze und Liedgesang:
Wir sagen euch an den lieben Advent (GL 115, 1)

Vater unser
Die erste Kerze brennt. Eine heilige Zeit leuchtet uns auf. Laßt uns sie einatmen und zum mütterlichen Vater im Himmel beten ...

Friedensgruß

Meditation wie in »Gottesdienst ohne Priester« oder:

Dankgebet
Segensreicher Gott,
dankbar haben wir die Ankündigung der Geburt deines Sohnes vernommen.
Erneuere uns mit deinem Heiligen Geist,
damit wir unser Leben erneuern und so zu glaubwürdigen Zeugen und Zeuginnen der Geburt deines Sohnes werden können.
Darum bitten wir, durch Jesus Christus, unseren Herrn.
A: Amen.

Segensbitte
Der Herr segne und behüte uns. Er lasse sein Angesicht über uns leuchten und sei uns gnädig. Er schaue auf uns und schenke uns seinen Frieden. In Namen des Vaters und des Sohnes und des Heiligen Geistes. A: Amen.

V: Gehen wir im Frieden Gottes.
A: Dank sei Gott.

2 Salz schmecken und Salz sein

Zeichenliturgie im Advent

Nach den Fürbitten:

ZEICHENLITURGIE

Lied: Kündet allen in der Not (GL 106, 1–3)

Einladung
Der Advent verkündet uns das Kommen des Retters Jesus Christus. Diese Ankündigung ermutigt uns, sie rüttelt uns aber auch auf. Sind unsere Augen noch offen und frei für das Ankommen Gottes im Leben? Erachten wir es mit Überzeugung für sinnvoll, unser Leben auf Gott zu setzen? Gottes Wort vermag wie Salz für uns zu sein. Es schmilzt das Eis, das unsere Beziehung zu ihm bisweilen gefroren sein läßt. Es reinigt uns von der Sünde, die uns von Gott trennt. Es reinigt uns von der eisigen Sünde, die uns voneinander trennt – hier in der Kirche, im Land, in der Welt. Es würzt und belebt unseren Glauben neu. Im alten Taufritus wurde den erwachsenen Täuflingen Salz auf die Zunge gestreut. Ihre Zunge sollte nicht müde werden, das Wort Gottes zu verkünden. Ihr Gebet sollte nicht verstummen. Böses oder Gottloses sollte nicht über ihre Zunge kommen. Die Würze des Glaubens sollte ihnen nicht aus dem Sinn gehen. Erleben wir heute für uns neu das Wort Gottes als Salz unseres Glaubens. Lassen wir es auf unserer Zunge zergehen. Lassen wir uns aufwecken, im Alltag Künder und Künderinnen des Retters Jesus Christus zu sein. Trauen wir uns neu, vielleicht auch intensiver, Salz der Erde und für sie zu sein. Und lassen wir uns neu anregen zu der Hoffnung, daß der Retter Jesus Christus auch für uns kommt.
(Vom ausgesetzten Evangeliar weg werden von mehreren Helfern und Helferinnen, die mit Salz gefüllten Schalen genommen. Dann wird den

jeweils Bankersten mit einem Löffel eine kleine (zungengerechte) Menge Salz auf die Hand gelegt. Diese legen dem Nachbarn oder der Nachbarin Salz auf die Hand usw. Nachdem alle ihr Salz erhalten haben, kosten und schmecken die Mitfeiernden das Salz und bedenken die Worte der Einladung.)

Salz wird geschmeckt (meditative Musik)

Nach dem Schmecken des Salzes
Lied: Kündet allen in der Not (GL 106, 4–5)

Vater unser
Möge anregendes Glaubenssalz unsere Zunge immer neu beleben, damit wir zusammen mit Jesus Christus das *Vater unser* sprechen ...

Friedensgruß

Meditation wie in »Gottesdienst ohne Priester« oder:

Dankgebet
Mütterlicher Vater im Himmel, du schenkst uns
in deinem Sohn Jesus Christus deine Zuwendung.
Von dir und deinem Sohn geht der Heilige Geist aus,
der wie das Salz das Eis der kalten Sünde schmilzt.
Wir danken dir für deine erneuernde Liebe.
Belebe neu unsere Zunge, daß nichts Böses sie berührt,
und läutere neu unseren Glauben, damit wir adventliche Künder und Künderinnen deiner Frohen Botschaft sind.
So bitten wir durch Jesus Christus, unseren Herrn.

Segensbitte
Der Herr erlöse uns vom Eis der Sünde und segne uns mit dem wärmenden Licht seiner Nähe. Der Vater, der Sohn und der Heilige Geist. A: Amen.

V: Vom Eis der Sünde befreit laßt uns im Frieden mit Gott und der Welt ins Leben gehen.
A: Dank sei Gott.

3 Mit Duftöl Weihnachten riechen

Zeichenliturgie: Weihnachten

Nach den Fürbitten:

ZEICHENLITURGIE

Lied: Es ist ein Ros entsprungen (GL 132, 1–3)

Einladung
Die Geburt Jesus Christi, des Sohnes Gottes, verändert die Welt. Sie bringt in die Luft unseres Diesseits einen neuen, belebenden Duft vom Himmel her, den Wohlgeruch Gottes. Im Duft der Tannenzweige und vieler anderer weihnachtlicher Accessoires wird diese Erfahrung für alle zugänglich. Aber auch in unserer heutigen Wort-Gottes-Feier dürfen wir diese Gegenwart sinnlich erfahren, im besonderen riechen. Laßt uns heute zu Zeugen und Zeuginnen der Geburt Gottes auf Erden werden, indem wir einen Tropfen des (Rosenholz-)Duftöles in die Wasserkaraffen beigeben, welche um das Evangeliar angeordnet sind. Lassen wir uns vom Duft der Geburt Gottes beleben für unser weihnachtlich-christliches Zeugnis im alltäglichen Leben. Je mehr wir dies tun, um so mehr wird die Welt vom weihnachtlichen Duft Gottes erfüllt werden.

(In die um das Evangeliar angeordneten und mit Wasser gefüllten Karaffen wird von den Mitfeiernden 1 Tropfen des [Rosenholz-]Duftöles beigefügt, welches in mehreren Fläschchen zur Verfügung steht. So entsteht ein neuer Duft im Gottesdienstraum. Wer gegen das Öl allergisch reagiert, möge von diesem Ritus abstehen. Wer nicht hervortreten kann, dem/der möge eine kleine Wasserkaraffe mit einem Fläschchen Duftöl zugetragen werden bzw. für den/die möge der Ritus übernommen werden.)

Duftöl wird in die Wasserkaraffen gegeben (meditative Musik)

Nach dem Beigeben des Duftöles
Lied: Zu Bethlehem geboren (GL 140, 1–5)

Vater unser
Mit Jesus Christus, dem Sohn Gottes, atmen wir im Gebet zum mütterlichen Vater den Duft des Himmels ein. So laßt uns beten ...

Friedensgruß

Meditation wie in »Gottesdienst ohne Priester« oder

Dankgebet
Gütiger Gott, in der Geburt deines Sohnes,
Jesus Christus, erfüllst du die Welt mit dem Wohlgeruch des Himmels.
Wir danken dir, daß du uns menschlich begegnest.
Wir bitten dich, stärke uns mit deinem göttlichen Wort und Duft,
damit wir immer mehr in deinem Sinne leben und handeln.
So rufen wir durch Jesus Christus, deinen Sohn, unseren Bruder und Herrn.

Segensbitte
Der Duft der Nähe Gottes umgebe uns.
Die Liebe Gottes erfülle uns.
Die Hand Gottes führe uns.
Der Atem des menschgewordenen Gottes berühre uns.
Die Fülle des Segens schenke uns
der Vater, der Sohn und der Heilige Geist.
A: Amen.

V: Laßt uns gehen mit dem Frieden, den der Engel uns verkündet hat.
A: Dank sei Gott.

4 Stille Anbetung des Kindes

Zeichenliturgie: Weihnachten

Nach den Fürbitten:

ZEICHENLITURGIE

Lied: Hört, es singt und klingt mit Schalle (GL 139, 1–4)

Einladung
Der himmlische Engel ruft uns zum Stall zu kommen, das göttliche Kind zu schauen. Er lädt uns ein, zu erleben, wie lieb Gott uns hat. In seinem Sohn nimmt er uns an. Trauen wir uns, das göttliche Kind in der Krippe still zu betrachten. Trauen wir uns, zu danken für die Menschwerdung Gottes. Lassen wir uns zu einer stillen inneren Freude anrühren beim Anblick des menschgewordenen Gottessohnes.
Ich lade sie ein, zur Krippe herauszukommen, sich vor dem göttlichen Kind zu verneigen und als Geschenk ein Glaubenslicht der Freude zu entzünden. So wird das göttliche Kind umgeben und getragen von unserem Lobpreis für das Ankommen Gottes unter uns, und wir vernehmen neu die Mitte unserer Gemeinde und unseres Lebens in dem menschgewordenen Gottessohn Jesus Christus.

(Die Mitfeiernden treten zur Krippe. Falls diese zu abgelegen in der Kirche steht, möge eine Krippe mit dem »Jesuskind« in der Nähe des Ambo oder einem geeigneten Ort angerichtet werden. Hinter und neben der Krippe mögen Teelichter angerichtet sein, die von den hinzutretenden Gläubigen nach der Verehrung des göttlichen Kindes von einer großen Kerze weg – möglicherweise neben dem Evangeliar – mit Hilfe eines Dochtes entzündet werden. Wer nicht hinzutreten kann, von dem/der möge ein Glaubenslicht entzündet und durch einen Helfer/eine Helferin zur Krippe getragen werden.)

Verehrung und Kerzenentzündung (meditative Musik)

Nach der Verehrung und der Kerzenentzündung
Lied: Lobt Gott, ihr Christen alle gleich (GL 134, 1-4)

Vater unser
Verneigen wir uns vor dem göttlichen Kind, so verneigen wir uns vor Gott. Beten wir mit Jesus Christus, so beten wir zu Gott, unserem Vater im Himmel ...

Friedensgruß

Meditation wie in »Gottesdienst ohne Priester« oder:

Dankgebet
Guter Gott, du rufst uns in der Stimme des Engels, zur Krippe deines Sohnes zu kommen, um dein Heil zu sehen.
Wir danken dir für deine Liebe und den Frieden, den du in uns entfachen willst.
Hilf uns, den Anblick deiner Liebe im Herzen zu bewahren und dein gutes Wort im Alltag menschlich erfahrbar zu machen.
Darum bitten wir im gläubigen Vertrauen auf den Heiligen Geist
durch Jesus Christus, unseren Herrn.

Segensbitte
Gott segne uns in seiner Liebe.
Gott segne uns in seinem menschgewordenen Sohn.
Gott segne uns mit Heiligem Geist.
Darum bitten wir gläubig den Vater und den Sohn
und den Heiligen Geist.
A: Amen.

V: Laßt uns gehen mit Gottes Licht im Herzen.
A: Dank sei Gott.

5 Schuldenberg aus Holzklötzchen

Zeichenliturgie: Fastenzeit

Nach den Fürbitten:

ZEICHENLITURGIE

Lied: O Mensch, bewein dein Sünde groß (GL 166, 1–2)

Einladung
Im Alltag begegnen uns des öfteren Tatsachen, die mit dem Wort *Berg* zu tun haben. Die Rede vom Butterberg oder vom Schuldenberg ist uns geläufig. Beim Schuldenberg denken wir wohl an die Verschuldung einer Firma oder des Staates. Mit dem Wort *Schuldenberg* verbinden wir aber wohl am allerwenigsten Erfahrungen von Schuld und Sünde. Laßt uns heute einen mutigen Schritt wagen. Nehmen wir das Holzklötzchen zur Hand, das ihnen zu Beginn unserer Wort-Gottes-Feier geschenkt worden ist. Betrachten wir es in Stille und legen wir all die Erfahrungen hinein, die von eigener Schuld, von sündhaftem, anders gesagt: gott*losem* Tun geprägt sind. Legen wir sie ins Holz hinein. Trauen wir uns, uns ungeschminkt zu bedenken.

(Kurze Stille)

Ich lade sie ein, den Schuldenklotz zum Kreuz der Erlösung herauszutragen, um hier einen bekennenden Schuldenberg zu errichten. Vertrauen wir uns persönlich der verzeihenden Liebe Gottes in Jesus Christus an. Entdecken wir, daß Schuld und Sünde nicht etwas persönliches allein ist, sondern immer auch die ganze kirchliche Gemeinschaft be*trifft* und be*lastet*. Zugleich hoffen wir auf Gottes Güte, daß er uns von Schuld und Sünde entlastet.

(Alle sind eingeladen, vor das Kreuz zu treten, um dort an einer vorbereiteten Stelle einen Schuldenberg zu errichten. Wer nicht zum Kreuz hinkommen kann, möge den Schuldenklotz einer vertrauten Person überreichen und zum Kreuz bringen lassen. – Die Holzklötzchen können mit dem Feuer der Osternacht verbrannt werden.)

Schuldenberg-Bekenntnis vor dem Kreuz (meditative Musik)

Nach der Aufrichtung des Schuldenberges
Lied: O höre, Herr, erhöre mich (GL 167, 1–7)

Vater unser
Wenn wir mit Jesus Christus zum Vater beten, dann verbinden wir uns mit Gott, dann leben wir nicht gott*los*. So laßt uns miteinander beten ...

Friedensgruß

Meditation wie in »Gottesdienste ohne Priester« oder:

Dankgebet
Gott, du hast uns durch deinen Sohn, Jesus Christus,
von der Sünde erlöst.
Wir danken dir, daß du unser Versagen
in deiner Güte immer wieder annimmst.
Wir bitten dich, segne uns mit Kraft für ein Leben,
das wir mit dir verbunden gestalten.
Darum bitten wir im Heiligen Geist gestärkt durch Jesus Christus, unseren Herrn.
A: Amen.

Segensbitte
Seinen verzeihenden Segen schenke uns der erlösende Gott,
der Vater, der Sohn und der Heilige Geist.
A: Amen.

V: Gehen wir hin in Frieden.
A: Dank sei Gott.

6 Kreuzweg-Gang

Zeichenliturgie: Fastenzeit

Nach den Fürbitten:

ZEICHENLITURGIE

Lied: O du hochheilig Kreuze (GL 182, 1–4)

Einladung
In der Fastenzeit pflegen wir, den Kreuzweg zu begehen. Der Kreuzweg ist ein sichtbarer Ausdruck dafür, wie anstrengend es auch für Gott ist, uns Menschen zu erlösen. Der Kreuzweg lädt uns ein, hinzuschauen auf das Leid, das ein sündiges (gott*loses*) Leben bringt. Der Kreuzweg ist keine Fernsehnachricht, bei der in 30 Sekunden das Unrecht und Unheil der Welt verpackt ist, um dann zur Tagesordnung und zur Samstagabend-Show überzugehen. Der Kreuzweg nimmt uns vielmehr selber mit auf den Weg, weil wir durch die Taufe zuinnerst mit Jesus verbunden sind. Wir gehen mit Jesus den Weg. Aber uns werden durch Jesus die Augen geöffnet für die traurigen Wahrheiten des Lebens. Wir werden durch Jesus auf den Weg zu einem gottverbundenen Leben und Handeln geführt. Wir werden durch Jesus am Kreuz erlöst, befreit zu einem neuen Leben.
Gehen wir gemeinsam in Stille an den Stationen des Kreuzweges in der Kirche vorbei. Beenden wir unseren Kreuzweg-Gang vor dem Kreuz, um uns dort kurz zu verneigen.
(Alle sind zum Kreuzweg-Gang eingeladen. In Stille und getragenen Schrittes gehen alle an den Kreuzwegstationen in der Kirche vorbei. Zum Abschluß verneigen sich alle vor dem Kreuz, das im Altarraum bzw. beim Ambo steht. Wer den Kreuzweg nicht mitgehen kann, wird eingeladen, anhand der Überschriften der Kreuzwegstationen im Gotteslob [GL 775] sich auf den Kreuzweg einzustimmen.)

Kreuzweg-Gang (meditative Musik)

Nach dem Kreuzweg-Gang
Lied: O du hochheilig Kreuze (GL 182, 5-8)

Vater unser
Weil Jesus mit seinem Vater im Himmel verbunden war, konnte er den erlösenden Kreuzweg für uns gehen. Verbinden auch wir uns durch Jesus mit dem Vater und beten wir ...

Friedensgruß

Meditation wie in »Gottesdienst ohne Priester« oder:

Dankgebet
Guter Gott, Christus Jesus ist dein Sohn,
dennoch ist er Mensch geworden, um uns zu erlösen.
Wir danken dir, daß er uns auf dem Kreuzweg die Augen geöffnet hat.
Stärke unsere Sehnsucht für eine gerechte Welt
und gibt uns die Kraft, sie auch zu bauen.
Darum bitten durch Jesus Christus, unseren Erlöser und Herrn.
A: Amen.

Segensbitte
Vom seinem Kreuz her erfülle uns der Herr mit seinem Geist des Segens. Er lasse ihn uns erleben im Namen des Vaters, des Sohnes und des Heiligen Geistes.
A: Amen.

V: Gottes Friede begleitet uns ins Leben hinaus.
A: Dank sei Gott.

7 Verneigung vor der Osterkerze

Zeichenliturgie: Osterzeit

Nach den Fürbitten:

ZEICHENLITURGIE

Lied: Danket Gott, denn er ist gut (GL 227, 1-5)

Einladung
Ich lade sie ein, sich vom Licht der Osterkerze, dem Glanz österlicher Auferstehung, für ihr eigenes Leben stärken und aufrichten zu lassen.
Dieses Licht blendet uns nicht über unsere Fragen, Sorgen und Probleme hinweg.
Dieses Licht täuscht uns keine falsche Freude vor.
Dieses Licht öffnet uns den Himmel, aus dem Gottes Liebe uns entgegenleuchtet.
In Jesus Christus ist dieses Licht sichtbar und berührbar geworden.

Verneigen wir uns vor diesem Licht.
Lassen wir uns vom erhellenden Heiligen Geist Gottes überschatten.
Lassen wir das Licht von Ostern in unsere Seelen einfließen und uns bereiten für bewußtes christliches Leben.
(Alle sind eingeladen, vor die Osterkerze zu treten, sie zu betrachten und sich vor ihr zu verneigen. Wer nicht zur Osterkerze kommen kann, möge die Verneigung vom entsprechenden Platz aus vollziehen.)

Osterlicht-Verehrung (meditative Musik)

Nach der Osterlicht-Verehrung
Lied: Danket Gott, denn er ist gut (GL 227, 6-12)

Vater unser
Im Hören auf das Wort Gottes und im Licht von Ostern haben wir uns mit Jesus Christus neu verbunden. Zusammen mit ihm laßt uns zu unserem Vater beten ...

Friedensgruß

Meditation wie in »Gottesdienste ohne Priester« oder:

Dankgebet
Gott, du bist uns Vater und Mutter,
wir danken dir für die Feier, in der du uns
mit deinem Wort und dem Licht von Ostern gestärkt hast.
Bereite unsere Herzen für ein christliches Leben,
damit deine Frohe Botschaft durch uns hineinleuchtet in die Welt.
So bitten wir im Heiligen Geist durch Jesus Christus, unseren österlichen Herrn.
A: Amen

Segensbitte
Es segne und stärke uns in österlicher Hoffnung der gütige Gott, der Vater, der Sohn und der Heilige Geist.
A: Amen.

V: Laßt uns gehen in Frieden. Halleluja.
A: Dank sei Gott. Halleluja.

8 Kerzen vom Licht der Osterkerze entzünden

Zeichenliturgie: Osterzeit

Nach den Fürbitten:

ZEICHENLITURGIE

Lied: Nun freut euch hier und überall (GL 226, 1–2)

Einladung
Das Licht von Ostern verkündet uns: *Nicht der Tod siegt über das Leben, sondern das Leben siegt über den Tod.* Jesus Christus hat den Tod überwunden. Dieses Licht will nicht hinter (Kirchen-)Mauern verborgen bleiben. Dieses Licht will uns entflammen mit der Hoffnung aus dem Glauben. Dieses Licht will uns zusprechen, daß uns die Kraft innewohnt, die Herausforderungen des Lebens zu bestehen. Dieses Licht ist Sinnbild für das ewige Leben.

Darum laßt uns das Osterlicht annehmen. Entzünden wir unsere Glaubenskerzen mit diesem österlichen Licht. Laßt uns leuchtende Zeugen von Ostern im Leben sein.
(Alle sind eingeladen, ihre (tropffreie) Kerze vom Licht der Osterkerze zu entzünden. Mitfeiernden, die nicht nach vorne kommen können, möge das Licht zugetragen werden.)

Lichtentzündung (meditative Musik)

Nach der Lichtentzündung
Lied: Nun freut euch hier und überall (GL 226, 3–4)

Vater unser
Uns mit Jesus Christus im Gebet zum Vater im Himmel zu

vereinen, gehört zu den hell leuchtenden Zeichen in unserem Leben. So laßt uns beten ...

Friedensgruß

Meditation wie in »Gottesdienste ohne Priester« oder:

Dankgebet
Guter Vater, du bist der Inbegriff von Licht und Freude.
Wir danken dir für deinen Sohn Jesus Christus,
der für uns zu deinem Licht hier auf Erden geworden ist.
Stärke uns mit diesem Licht, damit wir unser Leben bestehen,
und hilf uns helle Zeugen und Zeuginnen deiner Liebe in der Welt zu sein.
Darum bitten wir verbunden im Heiligen Geist durch Jesus Christus, unseren Herrn.
A: Amen.

Segensbitte
Gottes zuwendende Nähe erleuchte und wärme uns, segne und behüte uns. Im Namen des Vaters und des Sohnes und des Heiligen Geistes.
A: Amen.

V: Gottes Friede geht mit uns. Halleluja.
A: Dank sei Gott. Halleluja.

9 Verneigung vor dem Evangeliar

Zeichenliturgie: Jahreskreis

Nach den Fürbitten:

ZEICHENLITURGIE

Lied: Zu dir, o Gott, erheben wir (GL 462, 1-2)

Einladung
Sich zu verneigen, ist Ausdruck der Ehrzuweisung. Jemanden zu ehren, bedeutet, ich achte ihn oder sie, ich schenke dankbare Aufmerksamkeit. Sich ehrend zu verneigen, zeigt, wie ich dankbar jemanden als wichtig für mein Leben anerkenne.
Wenn wir uns vor dem Evangeliar verneigen, dann ehren wir kein Buch, sondern Jesus Christus in seinem Wort, dann bekennen wir, wie wertvoll und lebensbegleitend sein Wort für uns ist. Wenn wir uns verneigen, dann bekennen wir, diesem Wort zu trauen und unser Leben unter dieses wegweisende Wort zu stellen.
Ich lade sie ein, vor das Evangeliar hinzutreten und sich ehrend vor dem Wort Gottes zu verneigen.
(Die Mitfeiernden treten hervor und verneigen sich ehrend vor dem Evangeliar, das schreinartig in der Nähe des Ambo aufgestellt ist. Wer nicht zum Wort Gottes hervortreten kann, möge vom Platz aus die Verneigung vollziehen.)

Verneigung vor dem Evangeliar (meditative Musik)

Nach der Verneigung des Evangeliars
Lied: Lobet den Herren alle, die ihn ehren (GL 671, 5-6)

Vater unser
Wenn wir uns im Gebet mit Jesus Christus vereinen und seine Worte mit anstimmen, die er zu seinem mütterlichen Vater im

Himmel gesprochen hat, dann ehren wir Gott. So laßt uns gemeinsam beten ...

Friedensgruß

Meditation wie in »Gottesdienste ohne Priester« oder:

Dankgebet
Guter Gott, du segnest uns mit deinem Wort
und hast uns in Jesus Christus dieses Wort
persönlich zugesprochen.
Wir danken dir dafür und bitten dich um deinen
Heiligen Geist, damit wir mutig dein Wort aufnehmen
und aus ihm Kraft finden für unser Leben.
So bitten wir durch Jesus Christus, unseren Herrn.
A: Amen.

Segensbitte
Der Herr segne und behüte uns, er lasse sein Angesicht über uns leuchten und schenke uns seinen Frieden.
A: Amen

V: Gehen wir im Frieden und leben wir Gotteswort.
A: Dank sei Gott.

10 Sich mit Taufwasser bekreuzigen

Zeichenliturgie: Jahreskreis

Nach den Fürbitten:

ZEICHENLITURGIE

Lied: Sonne der Gerechtigkeit (GL 644, 1–3)

Einladung
In der Feier der Osternacht entspringt das Wasser der Taufe. In diesem Wasser wurden wir mit der österlichen Kraft Gottes benetzt, mit seiner zuwendenden Liebe gesegnet. Wir wurden aufgenommen in die Gemeinschaft der Kirche. Dieses Wasser verbindet alle Christen und Christinnen über die Konfessionsgrenzen hinweg mit der Mitte unseres Glaubens, Jesus Christus. Erinnern und vergewissern wir uns des Geschenkes Gottes, daß wir durch die Taufe mit Jesus Christus verbunden und eins sind. Unser Leben wird gut ausgehen, weil wir mit Christus eins sind.

Laßt uns zum Taufstein hintreten und uns mit dem Taufwasser bekreuzigen. Wir sind gesegnet mit der Zuwendung Gottes. Wir sind Gottes Gemeinschaft.
(Alle kommen zum Taufstein, tauchen in das Taufwasser ein und bekreuzigen sich. Wer nicht zum Taufstein hinzutreten kann, dem/der möge von Mitfeiernden Taufwasser zum Bekreuzigen zugetragen werden.)

Bekreuzigung mit Taufwasser (meditative Musik)

Nach der Bekreuzigung mit Taufwasser
Lied: Sonne der Gerechtigkeit (GL 644, 5–7)

Vater unser
Die Taufe verbindet uns zuinnerst mit Jesus Christus. Mit ihm verbunden laßt uns beten …

Friedensgruß

Meditation wie in »Gottesdienst ohne Priester« oder:

Gemeinsames Dankgebet (GL 50, 2/Hinweis auf: *Schwestern und* Brüder)
Ich danke dir, Vater im Himmel, daß ich aus Wasser und Geist neu geboren wurde in der Taufe.
Ich darf mich dein Kind nennen, denn du hast mich aus Schuld und Tod gerufen
und mir Anteil an deinem Leben geschenkt.
Ich danke dir, Jesus Christus, Sohn des Vaters,
für deinen Tod und deine Auferstehung.
Wie die Rebe mit dem Weinstock, so bin ich mit dir verbunden;
ich bin Glied an deinem Leib, aufgenommen in das heilige Volk
zum Lob der Herrlichkeit des Vaters.
Ich danke dir, Heiliger Geist, daß deine Liebe ausgegossen ist in unsere Herzen.
Du lebst in mir und willst mich führen zu einem Leben,
das Gott bezeugt und den Schwestern und Brüdern dient.
So kann ich einst mit allen Heiligen das Erbe empfangen,
das denen bereitet ist, die Gott lieben.
A: Amen.

Segensbitte
Wer sich zu dem Namen des dreifaltigen Gottes bekennt, dem/der entfaltet sich Gottes Segen für ein christliches Leben.
So segne uns der dreieinige Gott, der Vater, der Sohn und der Heilige Geist.
A: Amen.

V: Gehen wir mit Gottes Frieden im Herzen.
A: Dank sei Gott.

11 Von Gottes Wort berührt

Zeichenliturgie: Jahreskreis

Nach den Fürbitten:

ZEICHENLITURGIE

Lied: Gott liebt diese Welt (GL 297, 1–4)

Einladung
Viele Menschen genießen es, sich von der Sonne anscheinen zu lassen. Bewegungslos stehen, sitzen oder liegen sie an ihrem Platz. Die Ruhe, das Berührtwerden vom warmen Licht, der geschenkte Augenblick wirken erholsam. Manchmal strekken Leute ihre Hände nach der Sonne aus, so als wollten sie sie mit den Händen ergreifen und aus ihrer fernen Glut heilende Wärme für ihr Herz schöpfen. Die Sehnsucht, eine angenehme Kraft zu spüren, drückt sich darin aus. Ich lade sie ein, in Stille eine Weile auf das ausgesetzte Gottes Wort zu schauen und sich von ihm anschauen zu lassen, um es anschließend zu berühren und gleichzeitig zu spüren, wie es mich – wie die Strahlen der Sonne – berührt.
(Stilles Schauen auf das schreinartig und von allen gut einsehbar aufgestellte Evangeliar.)

So laßt uns herausgehen und das Gottes Wort berühren. Laßt uns genießen, daß Gottes Wort uns segnend berührt.
(Alle gehen heraus und berühren sanft mit ihren Händen das Evangeliar. Wer nicht zum Evangeliar kommen kann, dem/der möge es für die Berührung zugetragen werden.)

Berührung des Evangeliars (meditative Musik)

Nach der Berührung des Evangeliars
Lied: Gott liebt diese Welt (GL 297, 5–8)

Vater unser
Beim Vater unser-Gebet reichen wir Jesus die Hand und verbinden uns mit ihm. Gemeinsam blicken wir in den Himmel und beten ...

Friedensgruß

Meditation wie in »Gottesdienste ohne Priester« oder:

Dankgebet
Gott, du bist die Sonne über unserem Lebenshimmel.
In Jesus Christus bist du mitten unter uns aufgeleuchtet.
Wir danken dir für deine segnende Nähe, mit der du uns berührst.
Schenke uns Ruhe und Geborgenheit und hilf uns,
deinen guten Geist im Leben zu verwirklichen.
Darum bitten wir im Heiligen Geist verbunden durch Jesus Christus, unseren Herrn.
A: Amen.

Segensbitte
»Gott segne die Erde, auf der ich jetzt stehe.
Gott segne den Weg, auf dem ich jetzt gehe.
Gott segne das Ziel, für das ich jetzt lebe.

Du Ewiger, du Immerdar,
segne mich auch, wenn ich raste.

Segne, was mein Wille sucht,
segne, was meine Liebe braucht,
segne, worauf meine Hoffnung ruht.

Du König der Könige
segne meinen Blick.«
(»Segne, was meine Liebe braucht«, aus: Hermann Multhaupt, Möge der Wind immer in deinem Rücken sein. Alte irische Segenswünsche. Aachen [17]1996. o. S. [Bergmoser + Höller Verlag])

V: Laßt uns gehen in Frieden und Zeugen und Zeuginnen sein für Gott.
A: Dank sei Gott.

12 Weihrauchkorn einlegen

Zeichenliturgie: Jahreskreis

Vor den Fürbitten:

Lied: Nun bitten wir den Heiligen Geist (GL 248, 1–2)

Fürbitten wie in »Gottesdienst ohne Priester«

ZEICHENLITURGIE

(nach letzter Fürbitte)

Einladung
Ich lade sie ein, ein Weihrauchkorn in die Schale mit glühenden Kohlen hinzulegen. Legen sie mit ihrem Korn ihre drängenste Bitte oder Fürbitte hinein. Lassen sie sie zum Himmel aufsteigen. Laßt uns duftend erleben, daß unsere Gemeinschaft mit dem Geist Gottes beschenkt ist, den wir einatmen dürfen, der uns aufatmen hilft, mit dessen Kraft wir uns zum lebendigen Gott bekennen. Lassen wir den aufsteigenden Weihrauch zum ausdrucksstarken Glaubensbekenntis werden – zur Ehre Gottes.

(Alle treten zu einer großen Schale mit glühenden Kohlen und legen ihr Weihrauchkorn ein, das sie neben der Schale aus einem Gefäß entnehmen können. Wer nicht zur Schale hervortreten kann, dem/der möge in dessen/deren Namen das Weihrauchkorn eingelegt werden.)

Während des Einlegens (meditative Musik)

Nach dem Einlegen
Lied: Nun bitten wir den Heiligen Geist (GL 248, 3–5)

Vater unser
Im Heiligen Geist sind wir mit Jesus und untereinander verbunden. So laßt uns gemeinsam beten ...

Friedensgruß

Meditation wie in »Gottesdienste ohne Priester« oder:

Dankgebet
Gütiger Gott, du schenkst uns zum Leben, was notwendig ist. Wir danken dir, daß du dich uns zuwendest und Mensch geworden bist in deinem Sohn Jesus Christus. Besonders bitten wir dich täglich neu um deinen Heiligen Geist, damit er uns stärkt und ermutigt für ein Leben, das dir gefällt.
Darum bitten wir durch Jesus Christus, unseren Herrn.
A: Amen.

Gemeinsame Segensbitte
Atme in mir, du Heiliger Geist (GL 4, 6)

Atme in mir, du Heiliger Geist, daß ich Heiliges denke.
Treibe mich, du Heiliger Geist, daß ich Heiliges tue.
Locke mich, du Heiliger Geist, daß ich Heiliges liebe.
Stärke mich, du Heiliger Geist, daß ich Heiliges hüte.
Hüte mich, du Heiliger Geist, daß ich das Heilige nimmer verliere.

V: Gehen wir in Frieden.
A: Dank sei Gott.

13 Chrisamöl – Duft des christlichen Glaubens

Zeichenliturgie: Jahreskreis

Nach den Fürbitten:

ZEICHENLITURGIE

Lied: Komm, Schöpfer Geist (GL 245, 1–3)

Einladung
In der Taufe sind wir mit dem Öl Chrisam auf die Stirn gesalbt worden. Bei der Feier der Firmung geschah und geschieht dies noch einmal. Das Öl Chrisam ist eine wohlriechende Mischung aus Olivenöl und Balsam. Es wirkt erfrischend und anregend. Es erzählt uns durch seinen Wohlgeruch vom Duft des christlichen Glaubens. Unser Glaube hilft uns aufatmen, unseren Glauben dürfen wir getrost einatmen und verinnerlichen. Glaube ist also ein duftend-aufatmendes Geschenk Gottes an uns. Wir sind gesalbt, Christen und Christinnen zu sein. Darin sind wir gerufen, den Duft des christlichen Glaubens zu entfalten. Jeder Mensch soll es »riechen«, daß wir Christen und Christinnen sind. Menschen sollen durch uns aufatmen dürfen und so den einladenden Duft erleben, der von unserem Glauben begeisternd ausgeht.

Ich lade sie ein, sich mit Hilfe des Chrisamöls an die duftende Kraft von Taufe und Firmung zu erinnern und diese Kraft für ein christliches Leben zu erneuern. Kommen sie hervor und atmen sie den Duft des Chrisamöls erinnernd neu ein.

(Stilles Einatmen des Chrisamöl-Duftes. Das Chrisamöl ist neben dem Evangeliar auf einem Kissen in einem schönen Gefäß angerichtet. Wer nicht hervortreten kann, dem/der möge Chrisamöl zugetragen werden.)

Einatmen des Duftes von Chrisamöl (meditative Musik)

Nach dem Einatmen des Chrisamöl-Duftes
Lied: Komm, Schöpfer Geist (Gl 245, 4–6)

Vater unser
Durch das Chrisamöl werden wir zu Christen und Christinnen gesalbt. Wie tragen den Duft Jesu Christi an uns, wir tragen seinen Namen. Mit ihm verbunden laßt uns zu seinem und unserem Vater im Himmel beten ...

Friedensgruß

Meditation wie in »Gottesdienste ohne Priester« oder:

Dankgebet
Gott, du bist wie Vater und Mutter zu uns,
wir danken dir für deine fürsorgende Liebe,
die du uns in Taufe und Firmung hast
zukommen lassen.
Wir bitten dich, erneuere unseren Glauben
und laß ihn zum duftenden Zeugnis für die
Mitmenschen und die Mitschöpfung werden.
Um diesen Segen bitten wir dich, die wir durch Wasser und
Salbung
mit Christus und durch ihm im Heiligen Geist mit dir verbunden sind.
A: Amen.

Segensbitte
Gott segne uns in Jesus Christus, durch den wir getauft sind
»auf den Namen des Vaters und des Sohnes und des Heiligen
Geistes« (Mt 28, 19c).
A: Amen.

V: Gehen wir als duftende Beispiele für Gottes Liebe.
A: Dank sei Gott.

14 Von Gottes Wort entflammt

Zeichenliturgie: Jahreskreis

Nach den Fürbitten:

ZEICHENLITURGIE

Lied: Komm, Heiliger Geist, der Leben schafft (GL 241, 1-3)

Einladung
»Gottes Wort ist wie Licht in der Nacht; es hat Hoffnung und Zukunft gebracht; es gibt Trost, es gibt Halt in Bedrängnis, Not und Ängsten, ist wie ein Stern in der Dunkelheit.«
(Text und Melodie aus Israel, in: Effata 1, Nr. 26; hrsg. vom Bischöfl. Jugendamt Passau, Innbrückgasse 9).

Dieses lichtreiche Wort ist Jesus Christus selbst, der Sohn des Vaters im Himmel. Von Jesus Christus und seinem Vater geht der Hl. Geist aus, die Kraft und der Halt Gottes für uns, das Feuer, das uns entflammt, in unserem Leben Gott zu suchen, in unserer Not in Gott Halt zu finden, in unserem Tun als Christen und Christinnen erkennbar zu sein. Dieses Feuer der Liebe Gottes hat auch die Apostel entflammt. Sie haben die Botschaft Jesu weitergegeben. Lassen auch wir uns entflammen und tragen wir die Botschaft, die uns überliefert worden ist, in unserem Leben weiter. Vollziehen wir es nach, wie vom Wort Gottes aus die Kerzen der Apostel entzündet werden. Laßt uns sodann unsere Glaubenskerzen von den Apostelkerzen weg entflammen.

(Von der Kerze beim Evangeliar aus werden durch Helfer und Helferinnen die Apostelkerzen entzündet. Von den Apostelkerzen wird das überlieferte Glaubenslicht dann den Mitfeiernden weitergereicht. Die Kerzen sollen tropffrei sein.)

Glaubenslicht wird weitergegeben (meditative Musik)

Nach dem Empfang des Glaubenslichtes
Lied: Komm Heiliger Geist, der Leben schafft (GL 241, 5-7)

Vater unser
Vom Licht des Glaubens erfüllt vereinen wir uns mit Jesus Christus und beten mit ihm zu unserem Vater im Himmel ...

Friedensgruß

Meditation wie in »Gottesdienste ohne Priester« oder:

Dankgebet
Lichtvoller Gott, im Heiligen Geist, der von dir und deinem Sohne ausgeht,
entflammst du in uns den Glauben.
Dankbar beten wir zu dir.
Wir bitten dich, hilf uns jeden Tag neu, den Glauben zu ergreifen und
begeisterte Christen und Christinnen zu sein.
Darum bitten wir zusammen mit Jesus Christus und dem Heiligen Geist, dich, den gütigen Vater im Himmel.
A: Amen.

Segensbitte
Mit dem Licht des Glaubens segne und bestärke uns der dreieinige Gott, der Vater, der Sohn und der Heilige Geist.
A: Amen.

V: Von Gottes Geist entflammt laßt uns gehen in Frieden.
A: Dank sei Gott.

15 Gott steht zu uns und wir zu ihm

Zeichenliturgie: Jahreskreis

Nach den Fürbitten:

ZEICHENLITURGIE

Lied: Herr, deine Güt ist unbegrenzt (GL 289, 1)

Einladung
Auferstehen – Aufstehen – Zusammenstehen – Einstehen sind Begriffe und Verhaltensweisen, die mit unserem christlichen Glauben verbunden sind. Wir hoffen, daß wir mit Christus leben, sterben und auferstehen werden. Gott steht für uns ein. Er spricht uns Sinn und Wert zu. Gott steht auf für uns, sorgt sich leidenschaftlich um Menschenwürde und Menschenrecht. Gott ist treu zu uns, auch wenn wir untreu sind. Lassen wir uns erfassen von der Kraft der Auferstehung Jesu. Stehen wir in der Kirche auf und ehren wir in Jesus Christus den dreifaltigen Gott. Stehen wir zusammen im Glauben und als christlich-solidarische Menschen. Stehen wir ein für die Werte des Glaubens, die da heißen Nächstenliebe – Treue – Gerechtigkeit – Gewaltlosigkeit – Streben nach echtem Frieden – Heimat geben – Nahrung geben – Einsamkeit aufbrechen usf. Stehen wir auf und stehen wir zum Anruf Gottes im Heiligen Geist. Lassen wir uns senden für ein christliches Leben. Doch dazu brauchen wir Kraft. Diese bekommen wir, wenn wir uns in die Kraft Gottes stellen und uns von ihr stärken lassen. Stehen wir also auf. Ehren wir Gott. Stehen wir auf, begeben wir uns ganz in ihn hinein. Stehen wir zu ihm, wie er zu uns.

(Alle stehen auf und bleiben ca. 1–2 Minuten in dieser Haltung. Wer nicht stehen kann, wird eingeladen, das Herz mit erhobenem Haupt zu Gott zu erheben.)

Miteinander zu Gott stehen und in seine Liebe stellen
(meditative Musik)

Nach dem gemeinsamen gläubigen Stehen
Lied: Herr, deine Güt ist unbegrenzt (GL 289, 2)

Vater unser
Wenn wir uns zum *Vater unser* erheben, dann stehen wir bei Christus und begeben uns hinein in die Welt Gottes, die in unsere hereinreicht. Mit Christus laßt uns beten ...

Friedensgruß

Meditation wie in »Gottesdienste ohne Priester« oder:

Dankgebet
Du gütiger Gott, standhaft bis zum Tod am Kreuz
stehst du in Jesus Christus, deinem Sohn,
für uns Menschen ein.
Wir danken dir für die Liebe und Zuwendung, mit der
du uns stärkst und aufrichtest.
Sende uns deinen Heiligen Geist, damit wir in unserem Leben
zu dir so treu stehen, wie du zu uns stehst.
Darum bitten wir im Heiligen Geist durch Jesus Christus, unseren Herrn.
A: Amen.

Segensbitte
Der Herr stehe bei uns Tag und Nacht und segne uns – der Vater, der Sohn und der Heilige Geist.

V: Laßt uns aufstehen und einstehen für den Frieden Gottes.
A: Dank sei Gott.

16 Miteinander Brot teilen

Zeichenliturgie: Jahreskreis

Nach den Fürbitten:

ZEICHENLITURGIE

Lied: O Gott, streck aus dein milde Hand (GL 306, 1–3)

Einladung
Miteinander zu essen, ist ein besonderes Zeichen der Zusammengehörigkeit. Viele biblische Darstellungen verweisen deshalb auf diese Symbolik. Das Bild vom himmlischen Hochzeitsmahl, das gemeinsame Essen mit Zöllnern und Sündern, nicht zuletzt das Letzte Abendmahl. Wir feiern heute keine Eucharistie. Wir begehen heute eine Wort-Gottes-Feier. Dabei allerdings laßt uns erfahren, miteinander zu essen, miteinander zu teilen und wirklich miteinander zu sein. Gottes hat uns sein Wort mitgeteilt. Er teilt die Fülle seiner Güte mit uns. Er hat uns durch seine Güte neu zu seiner Gemeinschaft verbunden. Laßt uns dies im Teilen und gemeinsamen Essen von Brot vertiefen. Wenn wir das Brot teilen, laßt uns auch an die Menschen weltweit denken, die jeden Tag davon leben, daß wir mit ihnen teilen. So bauen wir der Güte Gottes Brücken in die Welt hinein.

(Helfer und Helferinnen nehmen die mit Brotscheiben gefüllten Körbe, welche um das Evangeliar angeordnet stehen, und teilen sie an die Bankersten aus. Danach erfolgt die Einladung zum Teilen des Brotes, indem es an die Nachbarn und Nachbarinnen weitergeteilt wird. Anschließend essen alle gemeinsam das Brot.)

Brot teilen und in Gemeinschaft essen (meditative Musik)

Nach dem gemeinsamen Teilen und Essen
Lied: O Gott, streck aus dein milde Hand (GL 306, 4–6)

Vater unser
Um *unser* tägliches *Brot* bitten wir im *Vater unser*. Wir bitten nicht nur für unser persönliches Brot, für unsere tägliche Lebenskraft, sondern für das tägliche Brot aller Menschen. So laßt uns im Geiste Jesu miteinander beten ...

Friedensgruß

Meditation wie in »Gottesdienst ohne Priester« oder:

Dankgebet
Gott, du unser Vater und unsere Mutter,
du gibst uns das tägliche Brot zum Leben.
Dankbar nehmen wir von dir an, was du uns schenkst.
Wir bitten dich, hilf uns teilen, damit alle Menschen
deiner zuwendenden Liebe teilhaftig werden dürfen.
Darum bitten wir dich durch Jesus Christus, deinen Sohn,
und mit dem Heiligen Geist, der uns mit dir und untereinander verbindet.
A: Amen.

Segensbitte
Wie mit dem Brot den Körper so stärke uns als Christen und Christinnen mit seinem Segen der lebensspendende Gott, der Vater, der Sohn und der Heilige Geist.
A: Amen.

V: Von Gottes Wort gestärkt laßt uns gehen in Frieden.
A: Dank sei Gott.

17 »Sorgenblättchen« verbrennen

Zeichenliturgie: Jahreskreis

Zu den Fürbitten:

ZEICHENLITURGIE

Lied: Wer unterm Schutz des Höchsten steht (GL 291, 1)

Einladung
In den Fürbitten tragen wir unsere Sorge um die Kirche, um die Welt, um Mitmenschen und Angehörige zu Gott hin. In den Fürbitten beten wir füreinander in den persönlichen Anliegen. Ich lade sie ein, auf das kleine Papierblättchen all ihre Sorge für Kirche und Welt, aber auch all ihre persönlichen Anliegen mit der Stimme des Herzens (leise) hineinzusprechen, um sie mit Jesus Christus zum himmlischen Vater aufsteigen zu lassen.
Anschließend laßt uns die »Sorgenblättchen« persönlich in die vorbereiteten Gefäße legen. Laßt uns sie entzünden und mit »brennendem Herzen« zu Gott hintragen. Erfahren wir dabei durch die Beigabe von Weihrauch, daß Gottes Geist sie annimmt und aufnimmt. Und wie sich der Geruch des Ascherauches mit Weihrauch zum Wohlgeruch verwandelt, so möge sich das Üble zum Guten verwandeln, die Sünde zur neuen Gemeinschaft, die Angst in Hoffnung, die Trauer in Freude, das Leben in Segen.

Ruf
Der gütige Gott hört unser Rufen. Laßt uns unsere Bitten ihm anvertrauen.

(Ca. 1 Minute Zeit für die stillen Fürbitten. Dann werden die »Sorgenblättchen« durch Einladung persönlich in die vor dem Evangeliar aufgestellten Gefäße gelegt. Wer nicht nach vorne kommen kann, dem/der

möge das »Sorgenblättchen« mitgenommen werden. Dann werden sie verbrannt und Weihrauch wird hinzugefügt, so daß sich der Aschegeruch zum Wohlgeruch verwandelt.)

Während der Fürbitten und nach der Einladung zum Einlegen der Fürbitten und während des Verbrennens meditative Musik

Lied: Wer unterm Schutz des Höchsten steht (GL 291, 2-4)

Vater unser
Im zeichenhaften Verbrennen unserer »Sorgenblättchen« haben wir unsere Augen zum Himmel erhoben und um Gottes Hilfe gebeten. Laßt uns alle Bitten zusammenfassen, wenn wir mit Jesus Christus im Heiligen Geist verbunden zu unserem Vater im Himmel beten ...

Friedensgruß

Dankgebet
Gütiger Vater im Himmel, dein Herz ist offen für unser Flehen.
Wir danken dir, daß wir uns an dich wenden dürfen.
Wir bitten dich, verwandle unser Leben durch deinen Segen und hilf uns selber, Segen für die Menschen und die Welt zu sein.
A: Amen.

Segensbitte
Der Segen Gottes wandle uns und unsere Welt zum Guten. Dies geschehe durch Gott, den Vater, den Sohn und den Heiligen Geist.

V: Gehen wir im Frieden Gottes.
A: Dank sei Gott.

18 Das Wort Gottes annehmen

Zeichenliturgie: Jahreskreis

Nach den Fürbitten:

ZEICHENLITURGIE

Lied: Preiset den Herrn, denn er ist gut (GL 280, 1–4.6)

Einladung
Wenn Eltern ein kleines Kind bekommen, dann gehört es zum Ritual, daß sie das Kind bergend in die Arme schließen. Sie nehmen es an, lieben es und sie drücken es zärtlich an ihr Herz. Die Worte Gottes wollen uns zusprechen, daß auch wir vom mütterlich-väterlichen Gott angenommen und geliebt werden. Ich lade sie heute ein, vor Gott zum Ausdruck zu bringen, daß auch wir ihn annehmen und lieben, daß uns sein Wort wertvoll ist. Es werden dann mehrere Ausgaben der Hl. Schrift durch ihre Reihen gehen. Nehmen sie sie dankbar an, drücken sie sie an ihr Herz und danken sie Gott dafür mit einem stillen »Ehre sei dem Vater und dem Sohn und dem Heiligen Geist«.

(Helfer und Helferinnen geben mehrere Ausgaben der Hl. Schrift an die Bankersten ab. Diese reichen sie nach dem Annahme-Ritus weiter. Wer diesen Ritus nicht vollziehen kann, dem/der möge die Hl. Schrift kurz auf den Schoß gelegt werden. Kleinen Kindern kann die Hl. Schrift kurz ans Herz »gelegt« werden.)

Annahme-Ritus (meditative Musik)

Nach dem Annahmeritus
Lied: Mein ganzes Herz erhebet dich (GL 264, 1–2)

Vater unser
Das Gebet des Herrn ist uns in den Evangelien überliefert. Wir

ehren sie und verehren Gott im Himmel, wenn wir mit Jesus Christus das *Vater unser* beten ...

Friedensgruß

Meditation wie in »Gottesdienste ohne Priester« oder:

Dankgebet
Gott, wir nennen dich gut und herzlich.
Denn in deinem Sohn hast du uns unendliche Liebe zukommen lassen.
Von deinem Geist erfüllt danken wir dir
und ehren dich, den mütterlichen Vater, deinen Sohn Jesus Christus und den Heiligen Geist – heute und in Ewigkeit.
A: Amen.

Segensbitte
Der gütige Gott schenke uns in seinem Segen stets neu ein Herz, das frei von Härte ist. Dies gebe uns Gott, der Vater, der Sohn und der Heilige Geist.
A: Amen

V: Gottes Friede gehe mit uns.
A: Dank sei Gott.

19 Betend beschenkt werden

Zeichenliturgie: Jahreskreis

Nach den Fürbitten:

ZEICHENLITURGIE

Lied: Nun danket alle Gott (GL 266, 1–2)

Einladung
Jeder Tag ist ein neuer Anfang, ein Geschenk an uns, aus dem wir etwas Sinnvolles machen dürfen. Jede Minute, jeden Menschen, uns selbst als ein Geschenk Gottes annehmen und sehen zu dürfen, gibt uns einen ganz anderen Zugang zum Leben. Was ich als geschenkt ansehen darf, entlastet mich davon, es nach meinem Bild gestalten zu müssen. Wenn ich annehmen darf, dann verstehe ich, zu achten und zu würdigen, dann besitze ich nicht. Beziehungen so zu sehen, die Schöpfung so zu vernehmen, hilft menschenwürdig miteinander zu leben, hilft in der Schöpfung sanft und behutsam zu leben. Das Gebet hilft uns, neu zu erfahren, was es heißt, beschenkt zu werden. Es hilft uns, neu zu erschließen, daß alles von oben kommt. Darum gehören ausgestreckte Hände mit den empfangenden Handflächen – nach oben ausgerichtet – zur Haltung des Gebetes. Entdecken wir neu, daß wir vom Himmel her beschenkt werden. Nehmen wir für eine kurze Weile in Stille die Gebetshaltung des Empfangens ein. Wenn wir uns dafür eingestimmt haben, laßt uns das *Vater unser* Jesu Christi in dieser Haltung sprechen.
(Wer diese Gebetshaltung nicht einnehmen kann, möge mit geschlossenen Augen meditieren und beten.)

In Stille wird die Gebetshaltung eingeübt

Vater unser ...

Friedensgruß

Als Dankgebet gemeinsames Danklied: Nun danket alle Gott (GL 266, 3)

Segensgruß

»Nimm dir Zeit zu arbeiten – das ist der Preis des Erfolges.
Nimm dir Zeit zu denken – das ist die Quelle der Macht.
Nimm dir Zeit zu spielen – das ist das Geheimnis der ewigen Jugend.
Nimm dir Zeit zu lesen – das ist die Grundlage der Weisheit.
Nimm dir Zeit, freundlich zu sein – das ist der Weg zum Glück.
Nimm dir Zeit zu träumen – sie bewegt dein Gefährt zu einem Stern.
Nimm dir Zeit, zu lieben und geliebt zu werden – das ist das Vorrecht der Götter.
Nimm dir Zeit, dich umzusehen – der Tag ist zu kurz, um selbstsüchtig zu sein.
Nimm dir Zeit zu lachen, das ist die Musik der Seele.«

(»Nimm dir Zeit«, aus: Hermann Multhaupt, Möge der Wind immer in deinem Rücken sein. Alte irische Segenswünsche. Aachen [17]1996. o. S. Bergmoser + Höller Verlag)

Diesen Segen schenke uns der dreieinige Gott, der Vater, der Sohn und der Heilige Geist.
A: Amen.

V: Gehen wir mit Gottes Frieden in das Leben hinaus, das uns anvertraut worden ist.
A: Dank sei Gott.

20 Gottes Wort befreit von Sünde

Zeichenliturgie: Jahreskreis

(Kein Bußakt zu Beginn der Wort-Gottes-Feier)

Nach den Fürbitten:

ZEICHENLITURGIE

Lied: O Herr, nimm unsre Schuld (GL 168, 1–2)

Einladung
Wir haben das Wort Gottes gehört und aufgenommen. Wir haben es in der Homilie (Meditation) für heute angenommen. Gott hat in der Frohen Botschaft seines Sohnes eine Brücke zu uns errichtet. Er eröffnet uns neu den Weg zu ihm. Er hilft uns, die Trennungen, die wir uns zumuten, abzubauen und neue Gemeinschaft mit ihm und untereinander zu erfahren. Es ist der feste Glaube der Kirche, daß Gottes Wort von Sünde reinigt und uns hilft, umzukehren und neu zu beginnen. Drücken wir dies glaubend aus, indem wir uns – um das Evangeliar versammelt – die Hände waschen lassen als Zeichen ermöglichter Umkehr und geschenkter Versöhnung.

(An verschiedenen Stellen um das dargestellte Evangeliar stehen Helfer und Helferinnen, die den Mitfeiernden die Hände waschen. Familien ist es möglich, sich gegenseitig die Hände zu waschen. Wer nicht hervortreten kann, dem/der möge entgegengekommen werden.)

Gottes Wort wäscht uns die Hände, befreit uns von Sünde
(meditative Musik)

Nach der Händewaschung
Lied: O Herr, nimm unsere Schuld (GL 168, 3–4)

Vater unser
Mit Christus im Herzen neu verbunden stimmen wir ein in sein Gebet, das uns mit dem Vater im Himmel verbindet.

Friedensgruß

Meditation wie in »Gottesdienste ohne Priester« oder:

Dankgebet
Guter Gott, du bist wie das erfrischende Wasser der Barmherzigkeit,
du bist das Wasser des Lebens und der Verzeihung.
Wir danken dir für deine Güte, die wir in dieser Feier erfahren durften.
Wir bitten dich, uns zu helfen, dein Geschenk der Versöhnung in unserem Leben zum Wohle von Mitmensch und Schöpfung dankbar weiterzuschenken.
Dir sei die Ehre durch Jesus Christus im Heiligen Geist.
A: Amen.

Segensbitte
Der Gott allen Lebens erfrische uns mit seinem Segen und stärke uns für ein christliches Leben. Dies erbitten wir im Namen des Vaters und des Sohnes und des Heiligen Geistes.
A: Amen.

V: Als Versöhnte laßt uns gehen in Frieden.
A: Dank sei Gott.

Zeichenhafte Wort-Gottes-Feiern
für kleine und große Gruppen

Jesus segnet die Kinder (Mk 10, 13–16)

Bewegte und zeichenhafte Wort-Gottes-Feier
von Eltern mit Eltern und ihren Kleinkindern

Überschaubare Gruppe trifft sich in einem Meditationsraum, so daß sie im Kreis um die Heilige Schrift oder ein Evangeliar als Mitte angeordnet ist. Die Lieder mögen je nach Kenntnis vor Ort ausgesucht werden. Zeichen- und Bewegungsliturgie verschmelzen hier mit der Wortliturgie.

Lied: Es läuten alle Glocken (Effata 94, 1–2)

Begrüßung
Liebe Kinder, liebe Eltern, wir feiern miteinander Gottesdienst. Jesus segnet die Kinder. Das war eine große Freude für die Eltern damals. Die Kinder waren glücklich. Auch wir kommen heute zu Jesus. Wir bitten ihn um Segen für unsere Kinder, aber natürlich auch für uns.

Kreuzzeichen
Begrüßen wir ihn, Jesus, seinen guten Vater und den guten Heiligen Geist und beginnen wir unsere Feier im Namen des Vaters und des Sohnes und des Heiligen Geistes.
Alle: Amen.

Anrufung Jesu (Anklopfen bei Jesus)
(Eltern sprechen zum Herrn, den sie in der Hl. Schrift unter sich wissen. Die Kinder unterstützen die Anrufung Jesu, indem sie mit ihren Eltern auf die Heilige Schrift klopfen dürfen, wie wenn sie an eine Tür anklopfen würden, damit sie jemand öffnet.)

Elternteil: Wir kommen heute zu dir, Jesus, um unsere Kinder zu segnen.
Alle: Wir klopfen bei dir an.
Eltern und Kinder klopfen sanft auf die Heilige Schrift.

Elternteil: Wir kommen heute zu dir, Jesus, weil wir unsere Kinder lieben.
Alle: Wir klopfen bei dir an.
Eltern und Kinder klopfen sanft auf die Heilige Schrift.
Elternteil: Wir kommen heute zu dir, Jesus, weil wir uns dir anvertrauen.
Alle: Wir klopfen bei dir an.
Eltern und Kinder klopfen sanft auf die Heilige Schrift.

Jesus ist bei uns da. Er öffnet uns die Tür zu seinem Wort. Laßt uns Gott mit Freude ein Lied singen:

Lied: Die Sonne hoch am Himmelszelt (Effata 95)

Gebet
Guter Vater im Himmel,
du bist in Jesus Mensch geworden.
Jetzt wissen wir, wie sehr du uns gern hast.
Wir vertrauen, daß wir bei Jesus, deinem Kind,
nicht umsonst angeklopft haben.
Schenke uns Freude, wenn wir dann die Heilige Schrift öffnen und darin den guten Geist Jesu hören und spüren.
Darum bitten wir durch Jesus, unserem Freund und Bruder.
Alle: Amen.

(Die Wort-Gottes-Feier konzentriert sich auf das Evangelium. Um seine Bedeutung hervorzuheben, werden Eltern und Kinder eingeladen feierliche eine gut am Boden stehende und tropffreie Kerze anzuzünden.)

Kerzenentzündung

Evangelienbuch oder Heilige Schrift wird feierlich geöffnet und daraus vorgelesen

Mk 10, 13–16 *wird entweder vorgelesen oder erzählend vorgetragen. Danach wir es geöffnet wieder in die Mitte gelegt und die Kerzen aller werden um das Evangelienbuch gestellt.*

Kurze Stille

Auslegung und Übertragung des Evangeliums auf die Eltern und Kinder
Leiter/in: Liebe Eltern, lassen wir unseren Kindern spüren, wie wir und wie Jesus sie lieben. Liebe/r N.N., Jesus hat dich gern. Er sagt dir, Gott im Himmel mag dich. Er mag dich so gern wie ich. So wie ich dich in den Arm nehme, nimmt dich Jesus in den Arm. So wie ich dir die Hand auf deinen Kopf lege, so tut es auch Jesus. Ich segne dich heute, weil Jesus dich segnen will.
(Eltern sprechen ihr Kind an, nehmen es in die Arme, legen ihm die Hand auf und segnen es z.B. durch ein zärtliches Kreuzzeichen auf die Stirn.)

Gebet eines Vaters oder einer Mutter
Guter Vater im Himmel,
wie Jesus haben wir unsere Kinder
in die Arme genommen
und ihnen die Hand aufgelegt.
Wir segnen sie in deinem Namen,
wie Jesus es getan hat.
Wir danken dir, daß du uns in der Taufe
deinen guten Heiligen Geist gegeben hast,
damit wir so – wie Jesus – deine Güte und Liebe
auch unseren Kindern schenken können.
Dafür loben und preisen wir dich.
Alle: Amen.

Lied: Alle Kinder dieser Welt (Effata 96, 1–2)

Fürbitten
Guter Vater im Himmel, wir bitten dich aus ganzem Herzen:
- Viele Kinder müssen erleben, daß sie wenig Liebe und Segen bekommen:
  Sende ihnen Menschen, die sie in deinem Namen segnen.
- Eltern sorgen sich um ihre Kinder:
  Stärke die Eltern, auch uns, und stehe ihnen bei, zur rechten Zeit das Richtige zu tun.

- Familien erleben Streit und Zwietracht:
Schenke ihnen deinen guten Heiligen Geist. Bring Frieden und Versöhnung.
- ... freie Bitte ...

Guter Vater, wir legen unser Leben in deine Hände. Du kannst alles gut machen. Segne uns, bitte.
Alle: Amen.

Vater unser-Gebet

Jesus hat das Vater unser gebetet. Zusammen mit ihm beten auch wir ...

Zeichenhaftes Segensgebet

(Alle Mitfeiernden nehmen sich an der Hand. Der/die Leiter/in betet.)

Jesus, wir haben dich heute erlebt.
Du hast uns heute gesegnet mit der Liebe deines Vaters, mit der Liebe deines Heiligen Geistes.
Wir danken dir dafür.
Stärke uns durch deinen Segen, laß ihn uns noch einmal ganz tief spüren.
Hilf uns, die Freude deines Segens mitzunehmen zu den Menschen, die wir kennen und mit denen wir leben.
So bitten wir dich heute und glauben, daß diese Bitte ganz in deinem Sinne ist.
Alle: Amen.
So segne uns der gütige Gott der Vater, der Sohn und der Heilige Geist.
Alle: Amen.

Mit den Emmausjüngern Jesus, dem Auferstandenen, begegnen

»Bewegte« Wort-Gottes-Feier von Jugendlichen mit Jugendlichen am Ostermontag

Lied: Wir preisen deinen Tod (Effata 52/Kanon)

Kreuzzeichen

Begrüßung (Ausgangspunkt: Kirche, Pfarrheim oder Ort in freier Natur)
Jesus Christus, der am Kreuz für uns gestorben ist, lebt. Er ist von den Toten auferweckt worden. Unser Evangelium nach Lukas bezeugt diese Frohe Botschaft. Dabei erzählt es von den zwei Jüngern, die unterwegs nach Emmaus sind. Es heißt: »Am gleichen Tag waren zwei von den Jüngern auf dem Weg in ein Dorf namens Emmaus, das sechzig Stadien von Jerusalem entfernt ist. Sie sprachen miteinander über all das, was sich ereignet hatte.« (Lk 24, 13–35)
Wir gehen heute mit den Emmausjüngern diesen Weg mit. Laßt uns zunächst in Stille auf die zwei Emmausjünger besinnen. Erinnern wir uns mit ihnen an den Gründonnerstag, das Letzte Abendmahl, den Ölberg, die Verhaftung Jesu, sein Verhör, seine Geißelung, seinen Kreuzweg, seine Kreuzigung, seinen Tod am Kreuz.

(Stille Besinnung)

Bevor wir uns jetzt auf den Weg machen, laßt uns singen/oder: Auf dem Weg laßt uns singen:

Lied: Menschen auf dem Weg durch die dunkle Nacht (aus: Effata 104)

(Gemeinsam machen sich die Mitfeiernden auf den Weg und gehen nun in der Kirche oder im Pfarrheim oder in freier Natur vier Punkte an, an denen einzelne Passagen des Emmausevangeliums vorgetragen werden. Auf der Hälfte des Weges zum ersten Stationspunkt tritt zur Weggemeinschaft eine Gruppe von Kerzenträger/innen und einem/einer, der/die das Evangelienbuch trägt, hinzu.)

Auf dem Weg – dann Standpunkt 1

Evangeliumslesung: Lk 24, 15–24

(Alle Kerzenträger/innen scharen sich um das Evangelienbuch.)

Jesus ist zu unserer Weggemeinschaft hinzugetreten. Doch noch erkennen ihn die zwei Emmausjünger nicht. Erkennen wir ihn? Wie nah oder fern ist er unserem Leben? Besser gesagt: Wie nah oder fern sind wir ihm in unserem Leben?

Darum laßt uns rufen:

Kyrie-Lied: Meine engen Grenzen (Effata 121)

Wenn wir nun weitergehen, trauen wir uns in Stille, Jesus von unserem Leben zu erzählen. Einfach das, was ich unbedingt loswerden möchte.

Auf dem Weg – dann Standpunkt 2

Evangeliumslesung: Lk 24, 25–27

(Alle Kerzenträger/innen scharen sich um das Evangelienbuch.)
Jesus, der Auferstandene legt die Heilige Schrift für die Emmausjünger aus. Vielleicht geht es uns so, daß auch wir manchmal Probleme beim Lesen der Heiligen Schrift haben. Martin Gutl hat sich darüber seine Gedanken gemacht. Er vergleicht das Lesen in der Heiligen Schrift mit einem Ziehbrunnen:

Text von Martin Gutl: »Der Ziehbrunnen«:
   »Ich pumpe und pumpe
   es kommt kein Wasser.
   Nur der Schweiß
   kommt mir.

Einer sagt: »Nur Mut!«
Ich gebe nicht auf.
Endlich! Da fließt es:
helles, kritallklares Wasser!

Wie oft sitze ich
über einem Bibelvers
und lese und lese
und denke nach und betrachte,
bis mich plötzlich
ein Wort ergreift.
Ich bete, bin still,
lange Zeit,
bis das Wort mich ganz erfüllt
und als Verheißung mich trägt.

Im Brunnen tief unten
ist Wasser.
Ich brauche nur die Ausdauer,
das Wasser langsam heraufzupumpen.
Ein Wort Gottes
ist wie Wasser
tief unten im Brunnen.
Es braucht lange Zeit,
bis sich mir
sein Sinn erschließt.«

(aus: Martin Gutl, Meine Wege sind Dir vertraut. Gedanken und Gebete. Styria. Graz – Wien – Köln 1990. 83.)

Lied: Gottes Wort ist wie Licht in der Nacht (Effata 26/Kanon)

Auf dem Weg – dann Standpunkt 3

(Sollte der Ausgangspunkt in freier Natur gewesen sein, ist es nun sinnvoll, vor der Kirche oder vor dem Pfarrheim zusammenzukommen.)

Evangeliumslesung: Lk 24, 28–29a

(Alle Kerzenträger/innen scharen sich um das Evangelienbuch.)

Die Jünger kommen mit Jesus, dem Auferstandenen, in Emmaus an. Die Jünger bitten ihn, doch mit ihnen nach Hause zu kommen.

Fürbitten

(Von einzelnen vorbereitete oder freie Fürbitten oder folgender Vorschlag:)
Die Emmausjünger bitten Jesus, zu bleiben. Auch wir bitten ihn in unseren Anliegen. So laßt es uns tun:
- Herr Jesus Christus, du lebst – auch unter uns: Erneuere deine Kirche und hilf, daß wir sie mit unseren Ideen und Vorstellungen mitprägen können.
- Herr Jesus Christus, du lebst – auch unter uns: Erneuere das Angesicht der Welt und hilf, daß auch wir dazu beitragen, daß diese Welt gerechter und menschlicher wird.
- Herr Jesus Christus, du lebst – auch unter uns: Erneuere uns selbst und hilf uns, daß wir in unserem Leben immer den österlichen Mut des Neuanfangs und des Vorwärtsgehens finden.
- Herr Jesus Christus, du lebst – auch unter uns: stille Fürbitten.
- Herr Jesus Christus, du lebst – auch unter uns: Schenke allen Verstorbenen, die wir gekannt haben, das ewige Leben bei dir.

Darum und um noch viel mehr bitten wir dich, den gütigen Gott, im Namen Jesu Christi, unseres Freundes und Bruders.
Alle: Amen.

Auf dem Weg – dann Standpunkt 4

(Jetzt begibt sich die Gottesdienstgemeinschaft zu einem geeigneten Ort, an dem ein Brotkorb vorbereitet ist. Dort steht ebenfalls die brennende Osterkerze. Wenn der Ausgangspunkt in freier Natur war, dann geht die Gemeinschaft jetzt in die Kirche oder in das Pfarrheim hinein zu dem oben beschriebenen vorbereiteten Ort.)

Evangeliumslesung: Lk 24, 29b–32

(Alle Kerzenträger/innen scharen sich um das Evangelienbuch. – Nach der Lesung wird das Evangelienbuch zur Osterkerze gestellt – neben den Brotkorb.)

Jesus bricht das Brot. Er teilt mit ihnen das Brot. Den Emmausjüngern gehen die Augen auf. Sie merken, wie sehr Jesus sie mit seiner Begleitung, mit seiner Anwesenheit mit Freude erfüllt hat. Ihr Herz brennt. Laßt uns mit Jesus das Vater unser beten, um dann zusammen mit ihm das Brot zu teilen und zu genießen. Die Erfahrung von Ostern hat mit Brotteilen und Essen zu tun.

Vater unser

Brotteilen und Brotessen *(meditative Musik im Hintergrund)*
Wenn wir am Sonntag miteinander Eucharistie feiern, dann will Jesus uns dabei genau dieselbe Erfahrung schenken wie heute. Er lebt und er lebt mit uns. Unser Leben ist geborgen in der Gemeinschaft mit ihm und in der Gemeinschaft der Gläubigen. Heute essen wir Brot allein. In der Feier der Eucharistie jedoch werden wir noch tiefer erleben, daß er selbst im Brot zu uns kommt und in uns lebt.

Lied: Manchmal feiern wir mitten im Tag (Effata 133)

Am selben Ort der Osterkerze
Evangelienlesung: Lk 24, 33-35
(Alle Kerzenträger/innen scharen sich um das Evangelienbuch.)

Laßt auch uns hinausgehen und unseren österlichen Glauben bekennen. Die Welt soll es sehen, daß wir mit Jesus Christus im Glauben eins sind. Laßt uns in der Feier der Eucharistie am Sonntag und durch unser Mitwirken deutlich machen, daß Jesus lebt – auch in uns und durch uns.

Gebet
Österlicher Gott,
wir sind den Weg der Emmausjünger gegangen.
Mit ihnen haben wir Jesus, deinen auferstandenen Sohn,
in unserer Mitte erlebt.
Wir danken dir, daß du uns in deinem Sohn
Hoffnung und Mut zum Leben gibst.

Schenke uns den Geist deines Sohnes,
der uns helfen kann, glaubwürdige Christen und Christinnen zu sein.
Darum bitten wir, die wir mit dir und Jesus im Heiligen Geist verbunden sind.
Alle: Amen.

Segen
Der österliche dreieinige Gott segne uns – der Vater, der Sohn und der Heilige Geist.
Alle: Amen.
Laßt uns in Frieden gehen.
Alle: Dank sei Gott.

Lied zum Aufbruch: Kriecht aus eurem Schneckenhaus (Effata 233)

Jesus preist auch mich, einen alten Menschen, selig

Zeichenhafte Wort-Gottes-Feier für alte Menschen

Lied: Gott liebt diese Welt (GL 297, 1–6)

Kreuzzeichen
Im Namen des Vaters, des Sohnes und des Heiligen Geistes.
Alle: Amen.
Christus, der war, der ist und der kommen wird, sei mit euch.
Alle: Und mit deinem Geiste.

Einführung
Alt zu werden und alt zu sein, gehört zu unserem Leben. Wir dürfen es sogar als eine Gabe ansehen, alt zu werden. Doch wir wissen auch, daß Krankheit und manches Gebrechen das Altsein begleitet, daß auch der Tod zu unseren Gedanken gehört. Dennoch liegt eine Lebensaufgabe darin, alt sein zu können und zu wollen. Die Weisheit, die unser Leben prägt, die wir weitergeben können, ist unbezahlbar. Die Erfahrungen, die uns prägen, sind wir bereit, zu teilen. Die Jugend wollen wir verstehen. Uns selbst wollen wir annehmen. Dies gelingt uns, weil wir Jesus Christus an unserer Seite wissen dürfen. Um seinen Segen für unser Altsein bitten wir heute.

Christus-Anrufungen
Herr Jesus Christus, du hast unser Leben bis heute begleitet. Du bist treu.
Alle: Du bist treu.
Herr Jesus Christus, du bist in dieser Stunde in unserer Gemeinschaft und in deinem Wort ganz nahe. Du bist treu.
Alle: Du bist treu.

Herr Jesus Christus, du bist die gütige Hand, die uns in die Zukunft führt. Du bist treu.
Alle: Du bist treu.

Lied: Herr, deine Güt ist unbegrenzt (GL 289, 1–2)

Gebet
Guter Vater im Himmel,
du kennst uns in deiner Güte.
Oft haben wir in unserem Leben dich gelobt,
aber genauso mit dir gehadert, gestritten und dich
so manchesmal auch vergessen.
In deinem Sohn jedoch hast du uns deine nie endende Zuwendung geschenkt.
Wir danken dir dafür und bitten dich,
schenke uns Halt und Segen,
wenn wir jetzt auf das Wort deines Sohnes hören.
Darum bitten wir, die wir uns von deinem Heiligen Geist beschenkt wissen,
durch Jesus Christus, unseren Herrn.
Alle: Amen.

Lesung: Sir 25, 4–6

Lied: Preiset den Herrn, denn er ist gut (GL 280, 1–4)

Halleluja-Ruf: (GL 530, 6)

Evangelium: Mt 5, 1–11

Vorschlag für eine Homilie

Liebe Gottesdienstgemeinschaft,
wir brauchen keine Scheu zu haben, uns als alte Menschen zu sehen. Für uns heißt, alt zu sein, nicht, keinen Sinn mehr zu haben. Alt zu werden und alt zu sein erleben wir vielmehr als Herausforderung. Wie die Kindheit, das Jugendalter, unser Erwachsenwerden und Erwachsensein, so müssen und können

wir unser Altsein gestalten und bewältigen. Vielleicht mögen euch meine Worte zu optimistisch sein. Denn gewiß ist, daß manche Sorge, manche Krankheit, manche Angst und Einsamkeit unser Herz betrüben. Dennoch liegt nicht darin die Herausforderung? Sind uns nicht auch Werte und Kräfte gegeben worden, die nur wir in solchem Ausmaß besitzen? Im Buch Jesus Sirach werden die Vorzüge des alten Menschen hervorgehoben, nämlich die Weisheit, aus reicher Erfahrung heraus Rat zu geben und die Gottesfurcht. Die Gottesfurcht meint nicht, angstvoll und zitternd Gott gegenüber zu stehen. Sie meint, daß gerade wir alte Menschen eine wichtige Erinnerungsbrücke für die jüngeren Leute sind, weil wir uns die Zeit nehmen, in unserem Gebet Gott zu ehren, in unserem Gebet auch für die zu beten, die meinen keine Zeit zu haben. Aber Jesus hat uns noch eine ganz andere Ehrfurcht gegenüber Gott gezeigt. Er hat uns in den Seligpreisungen den Zuspruch Gottes geschenkt, daß auch wir alte Menschen sehr viel wert sind. Zwar spricht er nicht ausdrücklich von uns Alten. Dennoch mögen wir uns manchmal arm vorkommen und traurig, vor Gott dürfen wir uns doch selig preisen. Darüber hinaus können auch wir im Alter ein reines Herz haben, barmherzig sein, Frieden stiften – so sind wir vor Gott seine Söhne und Töchter. Gott zuzutrauen, daß er uns alte Menschen selig preist, uns unseres Wertes und unserer Würde vergewissert, auch das hat mit Gottesfurcht im guten und segensreichen Sinne zu tun. In Jesus hat Gott uns geholfen, unser Alter anzunehmen, die Herausforderungen anzunehmen, unser Leben in seinen Händen geborgen zu wissen.

Umgekehrt wird in diesem Evangelium für alle jüngeren Menschen deutlich, daß wir zu ehren und zu achten sind, daß sie uns nicht in das Abseits drängen dürfen. Aus Afrika stammen folgende Seligpreisungen, die ein alter Mensch verfaßt hat:

»Selig, die Verständnis zeigen
für meinen stolpernden Fuß
und meine lahme Hand.

Selig, die begreifen,
daß mein Ohr sich anstrengen muß,
um alles aufzunehmen,
was man zu mir spricht.

Selig, die zu wissen scheinen,
daß meine Augen trüb und
meine Gedanken träge geworden sind.

Selig, die mit freundlichem Lächeln
verweilen, um ein wenig
mit mir zu plaudern.
Selig, die niemals sagen:
Das haben Sie mir heute
schon zweimal erzählt.

Selig, die es verstehen,
Erinnerungen an frühere Zeiten
in mir wachzurufen.

Selig, die mich erfahren lassen,
daß ich geliebt, geachtet
und nicht allein gelassen bin.

Selig, die in ihrer Güte die Tage,
die mir noch bleiben, erleichtern.

(aus: Regina Betz [Hrsg.], Wer älter wird, sieht tiefer. Verlag Neue Stadt. München – Zürich – Wien 1996. 33 f.)

Ja, selig wir Alten, die wir nach dieser Gerechtigkeit hungern und dürsten. Selig all diejenigen, die solche Gerechtigkeit uns Alten schenken. Ja, so möge es in Gottes Namen sein. Amen!

Stille

Fürbitten
Gott, du preist uns selig, ehrfürchtig bitten wir dich:
- Höre unser Beten, unser Rufen und Loben! Laß es nicht umsonst sein!

- Hilf uns junge Menschen, zu verstehen, und laß auch uns bei ihnen Verständnis finden.
- Tröste die alten Menschen, die allein sind, und laß uns nicht müde werden, mit ihnen Gemeinschaft zu suchen.
- Stärke uns in den Tagen der Niedergeschlagenheit. Laß uns immer wieder aufstehen.
- Schenke den Menschen, die uns im Tod vorausgegangen sind, die ewige Freude bei dir und laß auch uns einst an dieser Freude teilhaben.

Darum bitten wir dich, den seligpreisenden Gott.

Vater unser-Gebet
(Alle Mitfeiernden nehmen sich bei der Hand.)

Lied: Wer nur den lieben Gott läßt walten (GL 295, 1–3)

Nach der Wort-Gottes-Feier folgt nun eine Zeichenliturgie. Neben dem Evangelienbuch bzw. der Heiligen Schrift steht Weihwasser. Die Mitfeiernden sind eingeladen, einzeln vor das Evangelienbuch hinzutreten, sich kurz zu verneigen und folgende Worte zu sprechen: »Ehre sei dir, Vater, und dir, Sohn Jesus Christus, und dir, Heiliger Geist.« Danach möge in das Weihwasser eingetaucht und gesprochen werden: »Du preist mich selig, Gott des Lebens.« Mit einem stillen Kreuzzeichen wird die sehr persönliche Zeichenliturgie beendet. Wer nicht zum gut erreichbaren Weihwasser hinzutreten kann, dem möge es entgegengetragen werden. Die Mitfeiernden können laut oder leise sprechen. Der Gottesdienstleiter/ die Gottesdienstleiterin möge auf jeden Fall laut sprechen.

ZEICHENLITURGIE

Hinführung
Laßt uns nun einzeln vortreten zur Heiligen Schrift. Laßt uns in ihr den dreifaltigen, seligpreisenden Gott selber in unserer Gemeinschaft anwesend wissen. Sprechen wir zu ihm ganz persönlich: »Ehre sei dir, Vater, und dir, Sohn Jesus Christus, und dir, Heiliger Geist.« Trauen wir uns dann im Weihwasser den segnenden Zuspruch Gottes anzunehmen und zu ihm zu sprechen: »Du preist mich selig, Gott des Lebens.« Laßt uns diese Worte mit dem Kreuzzeichen abschließen.

Zeichenliturgie
(Während des Vorganges kann meditative Musik gespielt werden.)

Gebet
Gott, du bist die Sonne, die unser Leben anstrahlt.
Du hast heute mit deinem Wort und deinem Segen
unsere Seelen gewärmt und gestärkt.
Wir danken dir für deine Nähe und preisen uns selig,
an dich glauben zu dürfen.
So beten wir vereint mit dem Geist Jesu Christi, deines Sohnes.
Alle: Amen.

Segen
Der Herr behüte uns und segne uns, er lasse sein Angesicht über uns scheinen und bleibe bei uns.
Alle: Amen.

Laßt uns mit dem Frieden Gottes gehen.
Alle: Dank sei Gott.

Selig sein, weil Jesus lebt

Meditativ-zeichenhafte Wort-Gottes-Feier für überschaubare Gruppen am frühen Sonntagmorgen oder am Sonntagabend (von jung bis alt)

Die Gruppe befindet sich in der dunklen Kirche oder in einem dunklen Meditationsraum. Die äußere Grenze der Gottesdienstgemeinschaft ist mit Kerzen ausgeleuchtet. In der Mitte der Gemeinschaft steht eine ca. 30 cm hohe Osterkerze, welche von einem Kett-Tuch (gelbe Farbe) verhüllt ist. Daneben liegt auf einem Polster oder einem schönen Tuch das Evangelienbuch.

Lied
(Lied, das alle auswendig kennen oder Meditativ von Instrument oder CD-Player)

Kreuzzeichen
Beginnen wir mit dem Kreuzzeichen unsere Wort-Gottes-Feier. Das Kreuz, das zu Ostern hinführt, möge auch uns den Weg zu Aufbruch und Neuanfang und einst zum ewigen Leben weisen: Im Namen des Vaters, des Sohnes und des Heiligen Geistes.
Alle: Amen.

Stille erleben *(ca. 1 Minute)*

Meditation
Groß ist die Sehnsucht nach Glück. Die Bibel spricht von der Seligkeit. Wenn es dort heißt: »*Selig seid ihr!*«, dann heißt das soviel wie: Ihr dürft aufatmen, ihr dürft euch geborgen wissen, ihr seid glücklich zu nennen, ihr dürft gelassen sein, ihr seid wer ganz Besonderes, ihr dürft zu-frieden sein. Menschen suchen ihr Glück: im Glücksspiel – beim Lotto – mit Amuletten – mit Ritualen – mit Hufeisen und anderen Zeichen (Steinen) – mit Esoterik – mit Alkohol – mit Raserei – mit Drogen – ...

Bei diesen Formen ist das Glück kalt. Oft wirkt Angst im Hintergrund mit: Die Angst, mein Leben könnte zu kurz sein, ich könnte zu kurz kommen; Angst vor Unglück, vor Unfällen, vor Verlust, vor Versagen, vor dem Tod.
Wir Christen und Christinnen sehnen uns auch nach Glück. Aber *unsere* Zeichen verweisen auf eine Nähe, die voll von herzlicher Wärme ist. Wir erleben sie im Hören auf das Wort Gottes, im gemeinsamen oder persönlichen Beten (Beten heißt: Ich spreche mit Jesus zu Gott.) und in der Osterzeit besonders im Licht der Osterkerze.

So erzählt uns eine österliche Geschichte aus dem Evangelium nach Johannes von dem Glück, das die herzliche Nähe Jesu Christi atmet.
Versetzen wir uns in die abendliche Stunde des Sonntags vor fast 2000 Jahren und holen sie in unser Heute.

Schriftlesung

(Das Evangelienbuch wird hochgehoben und mit Hilfe einer kleinen Kerze wird daraus vorgelesen.)

Nach Joh 20, 19a:

»Am Abend des ersten Tages der Woche, als die Jünger aus Furcht vor den Juden die Türen verschlossen hatten, kam Jesus« und »trat in ihre Mitte ...«

(Das Evangelienbuch wird offen neben die noch verhüllte Osterkerze gelegt.)

Auch zu uns kommt Jesus. Er kommt in unsere Ängste, zu kurz zu kommen; in unsere Ängste vor dem Leben, vor der Zukunft. Er kommt zu uns.

(Osterkerze wird feierlich enthüllt und entzündet.)

Stille

Christus der Auferstandene ist unter uns. Laßt uns ihn loben und preisen.

Lied: Gelobt sei Gott im höchsten Thron (GL 218, 1–3)

Gebet
Herr Jesus Christus,
wir vertrauen dir, daß du bei uns bist.
In deinem Namen haben wir uns versammelt,
um deinen mütterlichen Vater im Himmel zu preisen.
Wir bitten in dieser Stunde um Segen,
um Beistand in unseren Ängsten.
Wir bitten um das echte Glück,
das uns trägt und hält und einst zum ewigen Leben begleiten wird.
Darum bitten wir dich,
die wir uns im Heiligen Geist mit dir und deinem Vater verbunden wissen.
Alle: Amen.

Schriftlesung
(Das Evangelienbuch wird wieder hochgehoben.)
Joh 20, 19–20:
Er »sagte zu ihnen: Friede sei mit euch! Nach diesen Worten zeigte er ihnen seine Hände und seine Seite. Da freuten sich die Jünger, daß sie den Herrn sahen.«
(Evangelienbuch wird neben die brennende Osterkerze gelegt.)

Laßt uns erleben, daß Jesus Christus bei uns ist. Laßt uns das Licht sehen. Laßt uns die Wärme spüren. Laßt uns durch die Flamme greifen. Verneigen wir uns vor dem Licht der wärmenden Nähe Jesu.
(Alle treten vor das Licht der Osterkerze und verneigen sich. Wer will, kann die Wärme des Osterlichtes mit den Händen spüren oder mit den Fingern vorsichtig durch die Flamme greifen.)

Verneigung und Erfahrung der Wärme

Schriftlesung
(Evangelienbuch wird wieder hochgehoben.)
Joh 20, 21–22:
»Jesus sagte noch einmal zu ihnen: Friede sei mit euch! Wie mich der Vater gesandt hat, so sende ich euch. Nachdem er

das gesagt hatte, hauchte er sie an und sprach zu ihnen: Empfangt den Heiligen Geist!«
(Das Evangelienbuch wird neben die brennende Osterkerze gelegt.)

Jesus haucht die Jünger an. Er schenkt ihnen den Heiligen Geist. Das heißt auf deutsch: »Hab keine Angst. Du darfst mir trauen, daß ich bei dir bin. Ich bin in deinem Magen, in deinem Herzen, in deinem Kopf. Ich beruhige dich. Ich bin bei dir. Hab Vertrauen.«

Laßt uns dies zum Ausdruck bringen und spüren.
(Mitgebrachte [tropffreie] Kerzen werden von den Mitfeiernden an der Osterkerze entzündet und dann betrachtend »genossen«.)

Stille

Kyrie-Lied: Send uns deines Geistes Kraft (GL 246)

Schriftlesung Joh 20, 23–27:
»Wem ihr die Sünden vergebt, dem sind sie vergeben; wem ihr die Vergebung verweigert, dem ist sie verweigert. Thomas, genannt Didymus (Zwilling), einer der Zwölf, war nicht bei ihnen, als Jesus kam. Die anderen Jünger sagten zu ihm: Wir haben den Herrn gesehen. Er entgegnete ihnen: Wenn ich nicht die Male der Nägel an seinen Händen sehe und wenn ich meinen Finger nicht in die Male der Nägel und meine Hand nicht in seine Seite lege, glaube ich nicht. Acht Tage darauf waren seine Jünger wieder versammelt, und Thomas war dabei. Die Türen waren verschlossen. Da kam Jesus, trat in ihre Mitte und sagte: Friede sei mit euch!
Dann sagte er zu Thomas: Streck deine Hand aus und leg sie in meine Seite, und sei nicht ungläubig, sondern gläubig! Thomas antwortete ihm: Mein Herr und mein Gott!
Jesus sagte zu ihm: Weil du mich gesehen hast, glaubst du. **Selig sind, die nicht sehen und doch glauben.**«
(Das Evangelienbuch wird neben die brennende Osterkerze gelegt.)

Selig sind, die nicht sehen und doch glauben. Dieser Satz paßt haarscharf zu uns heute. Wir sehen Jesus nicht persönlich. Wir erkennen ihn heute nur im Zeichen: dem Licht der Osterkerze. Und doch dürfen wir glauben, und doch dürfen wir darauf vertrauen, daß Jesus bei uns da ist. Wir haben dieses wärmende Licht, Jesus selbst, in unsere Seele aufgenommen. Darum brauchen wir keine Amulette, um unsere Angst zu stillen. Wir brauchen keine Millionen, um echtes tragendes Glück zu finden. Wir leben von der (heute vertieften) lichtvollen Erfahrung, daß Jesus lebt. Wir sind geborgen und verbunden mit ihm – heute und zu jeder Zeit. Ostern heißt, daß Jesus bei uns lebt. Ostern heißt, daß der auferstandene Jesus im guten Heiligen Geist in uns lebt. In ihm sind wir verbunden mit dem Gott und Vater Jesu Christi im Himmel. Darin liegt der Friede und die beruhigende Seligkeit, die Jesus uns zuspricht.

In dem Vertrauen, daß wir nicht allein sind, laßt uns mit Jesus, dem Auferstandenen, zu unserem Vater im Himmel beten und dabei alle unsere Bitten für die Kirche, für die Welt und für die Schöpfung, für die Menschen, für unsere Angehörigen und für uns selbst hineinlegen:

Vater unser-Gebet

Friedensgruß
Wenn Jesus den Jüngern den Frieden zuspricht, so liegt darin eine Botschaft, die durch Handeln weitergetragen werden will. Laßt auch uns einander im Friedensgruß stärken und so den Geist Jesu spürbar machen.

Lied: Das ist der Tag, den Gott gemacht (GL 220, 1.4–5)

Gebet
Guter Vater im Himmel,
gemeinsam haben wir den auferstandenen Herrn,
deinen Sohn Jesus Christus,
in unserer Feier erfahren dürfen.

Wir danken dir für seine Nähe
und bitten dich um den Heiligen Geist,
damit unser Leben vom wahren Glück deiner Nähe getragen
und geführt wird.
So bitten wir durch Jesus Christus, unseren Herrn.
Alle: Amen.

Segen
Herr, an deinem Segen ist uns alles gelegen. So trauen wir uns zu sprechen: Es segne uns der gütige Gott, der Vater, der Sohn und der Heilige Geist.
Alle: Amen.

Laßt uns aufbrechen im Frieden.
Alle: Dank sei Gott.

Jesus heilt das zerbrochene Gefäß der Beziehung, er heilt die Sünde

Zeichenhafte Wort-Gottes-Feier für eine überschaubare Gruppe von jung bis alt

Lied: Bekehre uns, vergib die Sünde (GL 160, 1–4)

Einführung

Der Wortgottesdienstleiter/die Wortgottesdienstleiterin zerschlägt demonstrativ einen Blumentopf, in dem sich Blumenerde und mehrere Pflänzchen befinden. Dabei soll die Zahl der einzelnen Scherben der Zahl der Mitfeiernden entsprechen.

Scherben zeigen, daß etwas zu Bruch gegangen ist. Beziehungen sind mit einem Blumentopf zu vergleichen. Solange der Topf heil ist, können sich darin die Pflanzen entfalten und wachsen. Zerbricht aber jemand durch Unvorsichtigkeit oder Absicht diesen Topf, so fehlt die Grundlage, miteinander geborgen zu sein und miteinander wachsen und reifen zu können. Auch die Sünde ist mit einem zerbrochenen Topf zu vergleichen. Wir zerbrechen die bergende Gemeinschaft und bringen uns um die bergende Gemeinschaft mit Gott.
Beginnen wir mit dem Glaubenszeichen unsere Wort-Gottes-Feier, welches zum Symbol dafür geworden ist, daß wir aus dem schutzlosen Zustand der Ungeborgenheit, der Sünde, erlöst worden sind:

Kreuzzeichen

Laßt uns mit ehrlichem Herzen die Scherben sehen, die wir angerichtet haben.
(Jede/r Mitfeiernde nimmt eine Scherbe in die Hand und betrachtet sie.)

Stille Besinnung *(ca. 2 Minuten)*

Kyrie-Rufe
Herr Jesus Christus, dir bringen wir unsere Taten dar, mit denen wir Scherben verursacht haben. Herr, erbarme dich unser.
Alle: Herr, erbarme dich unser.
Herr Jesus Christus, dir bringen wir die Sünde dar, mit der wir uns von Gott, den Menschen und der Schöpfung getrennt haben. Herr, erbarme dich unser.
Alle: Herr, erbarme dich unser.
Herr Jesus Christus, dir bringen wir unseren Glauben dar, daß du die Sünde heilst, daß du neue Gemeinschaft stiftest. Herr, erbarme dich unser.
Alle: Herr, erbarme dich unser.

Lied: O Herr, aus tiefer Klage erheb ich mein Gesicht (GL 169, 1–4)

Gebet
Gott, muttergeduldig und groß in deiner Barmherzigkeit,
du hast uns in deinem Sohn Jesus Christus
die Hoffnung geschenkt,
Erlösung, Verzeihung und Neuanfang finden zu dürfen.
Wir danken dir für dein Entgegenkommen und bitten dich,
erneuere uns in deinem Wort und stärke uns neu
für ein christliches Leben.
Alle: Amen.

Lesung: Ps 52, 1–6

Antwortpsalm: GL 172, 3 *(Vorsänger/in – alle)*

Lesung: Eph 4, 17–24

Ruf vor dem Evangelium: GL 173 *(Vorsänger/in – alle)*

Evangelium: Mk 1, 14–15

Kurze Homilie
Wenn wir Scherben angerichtet haben, dann sind sie oft so zersplittert, daß sie nicht mehr zu kitten sind. Wir brauchen einen neuen Topf, einen neuen Anfang. Wie im Psalm 52 haben wir zu Beginn unsere Scherben ernsthaft wahrgenommen. Scherben schreien uns an. In ihnen wird der Schmerz von Menschen sichtbar, in ihnen spiegelt sich die von uns mitgeschundene Schöpfung wider, in ihnen kommen unsere Vergehen zum Ausdruck. In ihnen erkennen wir ein Abbild von uns selbst. Wir sind nicht mehr wir selbst, weil wir letztlich nicht mehr dem Bild Gottes entsprechen, weil wir uns aus dem Zusammenhang Gottes herausgerissen haben. Darum gilt es, inne zu halten, umzukehren, uns an Jesus neu festzumachen, der am Kreuz die Hoffnung auf Vergebung grundgelegt hat. Er gibt uns, die wir bereuen, die wir von Trauer erfüllt sind angesichts der Scherben, den erneuernd-verzeihenden Heiligen Geist. Dieser erinnert uns an die Taufe. Er verinnerlicht in uns neu, daß wir in der Taufe Christus angezogen haben. Er gestaltet uns neu, heilt uns, damit wir wieder Bild Gottes werden dürfen in wahrer Gerechtigkeit und Heiligkeit. Jesus ruft uns, in das Reich Gottes einzutreten, indem wir umkehren und uns von ihm heilen lassen. Er ruft uns, seiner Frohen Botschaft, die uns Bild Gottes sein läßt und die uns mahnt, als Bilder Gottes sichtbar zu leuchten, zu trauen. Kehren wir um. Vertrauen wir uns der Gegenwart Jesu an. Bitten wir um Vergebung und um Neuanfang. Amen.

Stille

Lied: Gottheit tief verborgen (GL 546, 1–7)

Während des Liedes geht der Wortgottesdienstleiter / die Wortgottesdienstleiterin zum Tabernakel und öffnet ihn. Danach macht er/sie eine Kniebeuge. Dann nimmt er/sie die Hostie und setzt sie in die vorbereitete Monstranz ein. Darauf überträgt der Wortgottesdienstleiter / die Wortgottesdienstleiterin das Allerheiligste in der Monstranz vom Tabernakel zum Altar und setzt dort das Allerheiligste auf einer vorbereiteten Stelle aus. Der Wortgottesdienstleiter / die Wortgottesdienstleiterin legt in eine Schale mit glühenden Kohlen Weihrauchkörner ein, so daß das Allerheiligste mit Weihrauch umhüllt wird. Das Kerzenlicht konzentriert sich um die Monstranz. (Am späten Abend oder am frühen Morgen ist zu

empfehlen, das Licht auszuschalten.) Dann treten alle vor die Monstranz, machen eine Kniebeuge, stehen auf und verneigen sich tief.
Wortgottesleiter/innen, die vom Bischof beauftragt sind, dürfen den Tabernakel öffnen, dürfen die Hostie in die Monstranz einfügen und aussetzen. Sie dürfen jedoch nicht mit der Monstranz segnen.

Kniebeute und Verneigung

Fürbitten
Herr Jesus Christus, im Brot der Eucharistie bist du zugegen. Tief verneigen wir uns vor dir und danken dir für deine Gegenwart. Dein Wort haben wir gehört. Im Brot sehen wir mit den Augen der Seele deine Nähe. Wir bitten dich:
- Wir bitten für deine Kirche: Laß sie einladende Gemeinschaft sein, in der Vergebung und Neuanfang dankbar angenommen werden. Herr, richte uns auf.
  Alle: Herr, richte uns auf.
- Wir bitten für alle Menschen, die sich in Schuld verstrickt haben, die große Scherben angerichtet haben: Schenke Einsicht und Umkehr. Herr, richte uns auf.
  Alle: Herr, richte uns auf.
- Wir bitten für alle Menschen, die Opfer von Schuld und Sünde geworden sind. Heile ihre Wunden und laß neues Leben in ihnen aufblühen. Herr, richte uns auf.
  Alle: Herr, richte uns auf.
- Herr Jesus Christus, wir tragen deinen Namen. Doch wir werden ihm oft nicht gerecht. Verzeihe uns und erneuere uns.
  Alle verneigen sich für ca. 1 min vor dem Allerheiligsten in Stille.
  Herr, richte uns auf.
  Alle: Herr, richte uns auf.

Herr Jesus Christus, wir verneigen uns vor dir und bitten darum, daß du uns Verzeihung und Frieden schenkst, damit wir wieder Bilder Gottes auf Erden, wahre Träger und Trägerinnen deines Namens sein können.
Alle: Amen.

Mit unserem Herrn eins laßt uns zusammen mit ihm zu unserem Vater im Himmel beten.

Vater unser-Gebet

Wie wir mit Gott Frieden gesucht haben, so laßt uns auch untereinander den Frieden zusprechen.

Friedensgruß
Nun begeben sich die Mitfeiernden an den Ort, an dem der Blumentopf zerschlagen wurde.
Laßt uns nun gemeinsam die Blumenerde in einen neuen Topf geben, setzen wir die Pflanzen wieder ein. Auch kleine Tonreste des Topfes werden mit der Blumenerde aufgenommen. Dies ist Zeichen dafür, daß durch Schuld und Sünde immer auch Narben bleiben. Doch Neuanfang ist uns geschenkt.

Der neue Blumentopf wird jetzt vor die Monstranz gestellt. Des weiteren wird noch einmal Weihrauch in die Schale gelegt. Alle Mitfeiernden stehen vor der Monstranz.

Gebet
Herr Jesus Christus, deine wunderbare Gegenwart in Wort und Brot
hat uns heute aufgerichtet.
Wir danken dir für deine Liebe, in der die Liebe deines gütigen Vaters aufleuchtet.
Wir bitten dich um deinen guten Heiligen Geist,
damit dein Name durch uns wieder geehrt werde
und das Bild Gottes in uns aufleuchte.
So bitten wir dich, der du lebst und herrschst in Ewigkeit.
Alle: Amen.

Segensbitte
(Alle verneigen sich vor der Monstranz.)
Herr, vor dir verneigen wir uns.
Wir bitten um deinen Segen. Wir glauben, daß du uns segnest.
So wagen wir zu sprechen: Im Namen des Vaters und des Sohnes und des Heiligen Geistes.
Alle: Amen.

Lied: Das Heil der Welt, Herr Jesus Christ (GL 547, 1–4)
Während des Liedes hebt der Wortgottesdienstleiter/die Wortgottesdienstleiterin die Monstranz hoch. Alle machen eine Kniebeute. Dann trägt der Wortgottesdienstleiter/die Wortgottesdienstleiterin die Monstranz feierlich zum Tabernakel zurück, nimmt die Hostie heraus, legt sie in die Hostienschale zurück, macht die Kniebeuge und verschließt den Tabernakel.

Laßt uns gehen in Frieden.
Alle: Dank sei Gott.

Den Saum des Gewandes Jesu berühren

Zeichenhafte Wort-Gottes-Feier mit kranken Menschen

Das Evangelienbuch wird in Augenhöhe auf einer Stele in einen Polster aus schönem Leinen- oder Seidentuch mit der Stelle Mk 6, 53–56 niedergelegt. Das Evangelienbuch liegt derart dort, daß es von dem Leinen- oder Seidentuch umsäumt ist. Darum herum sind brennende Kerzen(leuchter) in gleicher Höhe angeordnet.

Lied: Manchmal kennen wir Gottes Willen (GL 299, 1–3)

Kreuzzeichen

Begrüßung
Wir sind zusammenkommen, um Gott im Hören und Loben zu feiern. Vielleicht fällt es uns schwer, Gottes Wort zu hören und Gott zu loben. Dennoch hat uns Jesus eingeladen, mit der Last unserer Krankheit zu ihm zu kommen. Ihn, unseren Herrn, rufen wir in unserer Gemeinschaft an.

Kyrie-Rufe
Herr Jesus Christus, du hast die Täler des Schmerzes und der Angst durchschritten. Herr, erbarme dich unser.
Alle: Herr, erbarme dich unser.
Herr Jesus Christus, du bist zum Lichtblick für viele Menschen geworden. Christus, erbarme dich unser.
Alle: Christus, erbarme dich unser.
Herr Jesus Christus, du hast Menschen aufgerichtet und hast am Ostermorgen den Tod überwunden. Herr, erbarme dich unser.
Alle: Herr, erbarme dich unser.

Durch Jesu Gegenwart – *Geste auf das Evangelienbuch hin* – gestärkt, können wir Gott den Lobpreis singen.

Lied: Kommt herbei, singt dem Herrn (GL 270, 1–3)

Gebet

Vater im Himmel,
deinen Sohn, Jesus Christus, hast du uns geschenkt.
In der Not der Krankheit, im Erleiden des Schmerzes
willst du uns Kraft geben und Halt.
Wir kommen sehnsüchtig zu dir
und bitten dich, daß die Frohe Botschaft
auch unser Herz erfülle und
unser Leben stärke.
Darum bitten wir, durch Jesus Christus im Heiligen Geist.
Alle: Amen.

Das geöffnete Evangelienbuch wird feierlich aus dem umsäumenden Leinen- bzw. Seidentuchpolster gehoben.

Halleluja-Ruf: GL 530, 7

Evangelienlesung: Mk 6, 53–56

Halleluja-Ruf: GL 530, 7

Das Evangelienbuch wird – wie vorher – geöffnet und wieder umsäumt niedergelegt.

Homilie

Krank zu sein, stellt uns auf eine schwere Probe. Wir müssen dabei erfahren, schwach und hilflos zu sein. Innere Anspannung und Ungeduld machen sich breit. Manchmal lösen ungeklärte Fragen ein Wechselbad von Gefühlen aus. Antworten auf Fragen mögen einerseits erleichtern, können jedoch zugleich das Herz traurig und hoffnungslos stimmen. Warum muß gerade mir das passieren? Diese Frage, die immer wieder unbeantwortet gestellt wird, begleitet die Tage. Dennoch ist es wichtig, daß wir in der Krankheit, in der lebensgefährlichen Krankheit, im Schmerz unseren inneren Halt nicht verlieren.
Im Evangelium nach Markus suchen die Kranken und die, die sie tragen und begleiten, nach Jesus. Wenn sie von ihm hören, eilen sie los. Nichts kann sie aufhalten. Jesus hat einen Ruf bei

den Menschen. Von ihm geht ein Zauber aus, eine Kraft, die übermenschlich ist. Und tatsächlich vermag menschlicher Trost nicht wirklich die innerste Not zu lindern. Von Jesus geht mehr aus – von ihm geht eine göttliche Kraft aus. So stellt Markus uns Jesus in seinem Evangelium dar. Immer wenn die Kranken und ihre Angehörigen ihn auf der Straße treffen, bitten sie ihn, er möge sie wenigstens den Saum seines Gewandes berühren lassen. Und alle, so heißt es, die ihn berührten, wurden geheilt. Eine andere Übersetzung gibt uns dazu folgenden Wortlaut wider: »Und so viele ihn festhielten – sie wurden gerettet.«

(Eleonore Beck/Gabriele Miller/Eugen Sitarz (Hrsg.), Das Neue Testament. Übersetzt von Fridolin Stier. Kösel. Patmos. München, Düsseldorf 1989.)

Menschen, die sich in ihrer Krankheit, an Jesus festhielten, wurden gerettet. Darin mag der Anfang einer wirklichen Heilung gelegen haben. Darin wird aber auch eine innere Aufrichtung begonnen haben, die dem Kranken half, wohl auch den Angehörigen, mit der Krankheit leben zu können.
Jesus läßt sich berühren. Jesus erlaubt es, daß wir uns an ihm festhalten.
Darum sind wir heute hier. Wir halten uns an ihn. Wir bitten um Kraft für Heilung, für innere Stärkung, aber auch, mit unserer Krankheit die jetzige und nächste Zeit durchleben zu können. Wir dürfen auch für unsere sich sorgenden Angehörigen und für die sich um uns kümmernden Ärzte und Ärztinnen, Pfleger und Pflegerinnen beten.
Letztlich hilft uns dieses Evangelium die Warum-Frage zu überwinden. Denn es führt uns weg von der Ausweglosigkeit. Es stellt nicht die Frage, wie kann Gott etwas zulassen. Es öffnet uns vielmehr den Weg, uns innerlich aufzurichten, in unserer Persönlichkeit gerettet zu werden und die Hoffnung nicht grundlos aufzugeben.
Erinnern wir uns der Worte im Evangelium: »Und so viele ihn festhielten – sie wurden gerettet.« Das gilt auch heute für uns. Amen.

Stille

Zeichenhafte Fürbitten

Es folgen allgemeine Fürbitten. Die letzte Bitte für sich persönlich und auch für andere kann jede/r Gottesdienstmitfeiernde in Stille zum Ausdruck bringen, indem er/sie den Saum des Gewandes Jesu, also den Saum um das Evangelienbuch berührt und eine kurze Weile dabei innehält.

Guter Gott, manchmal wissen wir nicht, ob wir dich so nennen können. Aber trotzdem bist du die einzige Kraft, die uns retten kann. So wenden wir uns flehend zu dir:
- Schau auf alle, die in ihrer Not nicht aus und ein wissen. Wir flehen zur dir:
Wir bitten dich, erhöre uns.
- Schenke allen Frauen und Männern, die sich um ihre Angehörigen sorgen, Trost und Kraft. Wir flehen zu dir:
Wir bitten dich, erhöre uns.
- Gib den Frauen und Männern, die sich medizinisch und pflegerisch um uns kümmern, Energie und Gleichmut und segne sie. Wir flehen zu dir:
Wir bitten dich, erhöre uns.
- Jede/r einzelne möge nun zum Evangelienbuch hinzutreten, den Saum, welches das Evangelienbuch umgibt, berühren und still für eine Weile innehaltend die persönlichen Bitten zu Gott durch Jesus hintragen. Wer nicht hinzutreten kann, dem/der möge Saum und Evangelienbuch entgegengetragen werden.

Guter Gott, wie im Evangelium die Kranken so haben auch wir den Saum des Gewandes deines Sohnes Jesus Christus berührt und unsere Seele an ihm festgemacht. Rette uns durch deine Güte. So bitten wir durch Jesus Christus, unseren Herrn. Amen.

Lied: O Jesu, all mein Leben bist du (GL 472, 1–2)

Vater unser-Gebet

Friedensgruß

Schlußgebet
Gott, du bist da bei uns.
Wir danken dir dafür.
Wir danken dir für Jesus deinen Sohn,
an dem wir uns festhalten dürfen.
Wir danken dir für den Heiligen Geist,
der uns aufrichtet und mit dir und deinem Sohn
zu einer starken Gemeinschaft verbindet.
Segne uns und unsere Angehörigen.
Darum bitten wir durch Jesus Christus im Heiligen Geist.
Alle: Amen.

Segen
»Meinem Kranksein schenke Segen«

Schenke meinem Kranksein Zeit
auch denen, die zu mir kommen.

Schenke meinem Kranksein Heilmittel;
Mittel zum Heil, zum ganzen Heil.

Schenke meinem Kranksein die Einsicht;
eine Sicht, die das Fehlende sieht.

Schenke meinem Kranksein die Abwesenheit;
Ich bin nicht so wichtig, ich bin ersetzbar.

Schenke meinem Kranksein liebe Besuche;
besonders jene, die mir nichts vormachen.

Schenke meinem Kranksein mutige Worte
und manchmal mutmachende Menschen.

Schenke meinem schmerzlichen Kranksein
wieder ein auferstandenes Gesundsein.«
(aus: Josef Griesbeck/Rita-Anna Gastinger/Oswin Rutz, Viel Glück und
viel Segen. Glückwünsche und Segensgesten. Kösel. 1992. 173.)

Laßt uns aufbrechen mit dem Lob Gottes im Herzen.

Lied: Nun danket all und bringet Ehr (GL 267, 1–4)

Tageslob oder Abendlob mit Luzernar mit der Gemeinde oder einer kleinen Gruppe

Stiller Einzug zum Altar

(Dort steht ein mehrarmiger Leuchter, davor ein Weihrauchgefäß mit glühenden Kohlen. Letztere können jedoch auch zur entsprechenden Zeit hinzugetragen werden. Ebenfalls ist ein Naviculum bzw. ein Gefäß mit Weihrauchkörnern vorbereitet.)

Lichtruf

V: Im Namen unseres Herrn Jesus Christus
   Licht und Frieden.
A: Dank sei Gott!

Begrüßung

Zum Entzünden der Lichter

(Während des Liedgesanges wird der Kerzenleuchter entzündet. Von diesem Licht ausgehend entzünden die Mitfeiernden ihre tropffreien Kerzen.)

Lied: Komm, Schöpfer Geist, kehr bei uns ein (GL 245, 1–4)

Lichtdanksagung

(Je nach Tageszeit: morgens/abends)

T.: Hippolyt von Rom vor 236, Traditio Apostolica XXV: »Das Hereintragen der Lampe beim gemeinsamen Mahl«. Übertragung: Christof Emanuel Hahn 1992
M.: einfacher Präfationston

V: Dir sei Preis   und Dank und Eh - re.
A: Dir sei Preis   und Dank und Eh - re.

abends:

Der Herr sei mit euch. *A* Und mit dei-nem Gei-ste.

V Las-set uns dan-ken dem Herrn, un-serm Gott.

A Das ist wür-dig und recht.

V Wir danken, dir Herr, un-ser Gott, durch dei-nen Sohn, unsern Herrn Je-sus Chri-stus. Durch ihn hast du uns er-leuch-tet und uns das un-ver-gäng-li-che Licht ge-zeigt. Wir haben die Stunden des Ta-ges durch-mes-sen und den An-fang der Nacht er-reicht. Wir haben uns ge-labt am Licht des Ta-ges, das du ge-schaf-fen hast, um uns zu er-quik-ken. Da wir auch jetzt am Abend durch deine Güte das

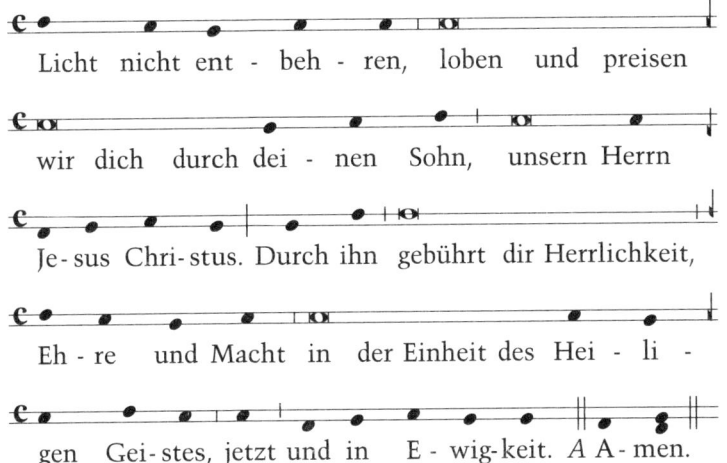

Licht nicht ent-beh-ren, loben und preisen
wir dich durch dei-nen Sohn, unsern Herrn
Je-sus Chri-stus. Durch ihn gebührt dir Herrlichkeit,
Eh-re und Macht in der Einheit des Hei-li-
gen Gei-stes, jetzt und in E-wig-keit. *A* A-men.

oder: morgens
V: Der Herr sei mit euch.
A: Und mit deinem Geiste.
V: Lasset uns danken dem Herrn, unserem Gott.
A: Das ist würdig und recht.

Wir danken dir, Herr, unser Gott, durch deinen Sohn, unseren Herrn Jesus Christus. Durch ihn hast du uns erleuchtet und uns das unvergängliche Licht gezeigt.
Wir haben die Stunden der Nacht durchmessen und den Anfang des Tages erreicht. Wir laben uns am Licht des Tages, das du geschaffen hast, um uns zu erquicken.
Da wir jetzt durch deine Güte den Tag mit deinem Licht beginnen, loben und preisen wir dich durch deinen Sohn, unseren Herrn Jesus Christus.
Durch ihn gebührt dir Herrlichkeit, Ehre und Macht in der Einheit des Heiligen Geistes, jetzt und in Ewigkeit.
A: Amen.

Gemeinsames Psalmgebet: Ps 27 (GL 719, 1 und 2)

Singt dem Herrn ein neu - es Lied, Hal - le - lu - ja, denn Er ist sehr freund - lich, Hal - le - lu - ja!

Psalm 121

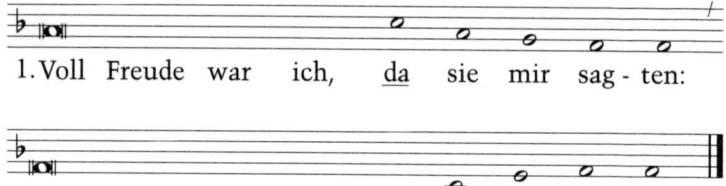

1. Voll Freude war ich, da sie mir sag - ten: zum Hause des Herrn wol - len wir zie - hen.

2. So stehen denn unsre Füße
   in deinen Toren, Jerusalem.

3. Jerusalem, das man als Stadt erbaut, –
   von allen Seiten in sich gefügt.

4. Es wandern die Stämme des Herrn. –
   sie ziehen zu Ihm hinauf.

5. Sie feiern den Namen des Herrn, –
   wie das Gesetz gebietet in Israel.

6. Erfleht, was Frieden bringt Jerusalem, –
   geborgen seien, welche dich lieben.

7. In deinen Mauern herrsche der Friede, –
   in deinen Palästen Geborgenheit.

8. Um meiner Brüder und Freunde willen –
rufe ich: Friede sei in dir!

9. Ehre sei dem Vater und dem Sohn –
und auch dem Heiligen Geist.

10. Wie es war im Anfang, so auch jetzt und allezeit –
und in Ewigkeit. Amen.

Wiederholung des Kehrverses

Christus-Canticum

T. u. M.: Nach Jes 12, aus: »Gesänge aus Taizé«. Musik: Jacques Berthier
© Les Presses de Taizé. Deutsche Rechte bei Verlag Herder, Freiburg.

Schriftlesung: Mt 5, 14–16

Betende Stille

Weihrauchspende

Antiphon

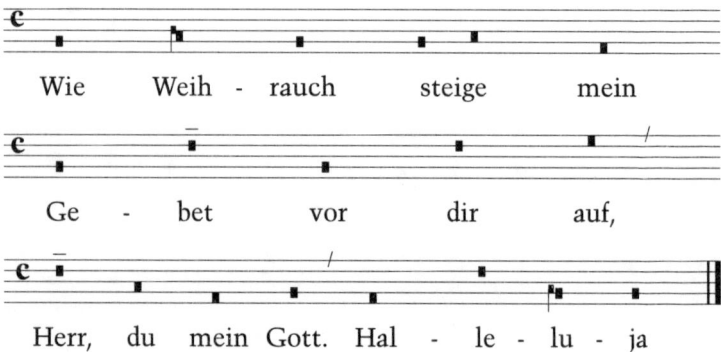

Gebet zum Weihrauchopfer
Himmlischer Vater,
Gott der Milde und des Erbarmens!
Nimm an den Weihrauch unseres vertrauensvollen Gebetes.
Lösche aus unsere täglichen Sünden und Vergehen
durch Deinen Heiligen Geist,
der unser Gebet erfüllt und durchdringt,
damit es dich verherrliche und Deinen Sohn,
unseren Herrn Jesus Christus,
den Du für uns dahingegeben hast.
Mit seiner Hingabe
laß unser Gebet wie Weihrauch aufsteigen
zu Dir – und Dein Segen komme auf uns herab.
Dir sei Lob und Ehre in Ewigkeit.
Alle: Amen.
(Alle Mitfeiernden sind nach dem Gebet eingeladen, in Stille oder zu meditativer Musik zum Weihrauchgefäß vorzugehen und Weihrauch einzulegen. Anschließend wird das Weihrauchgefäß zum Gesang der Antiphon erhoben.)

Antiphon

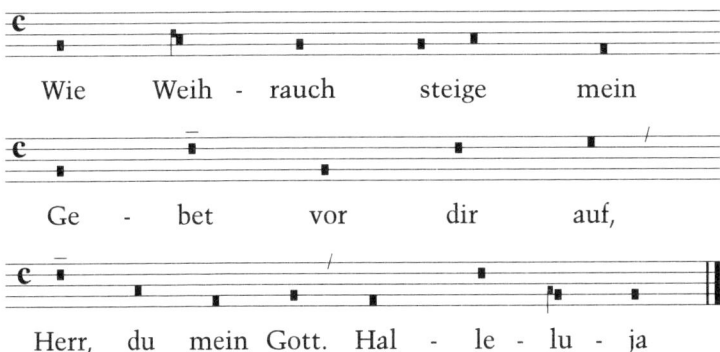

Wie Weih-rauch steige mein
Ge-bet vor dir auf,
Herr, du mein Gott. Hal-le-lu-ja

Erhebung des Weihrauchgefäßes mit Antiphon

Fürbitten
(allgemein: nach Kardinal König)
Herr Jesus Christus, Herr Deiner Kirche, wir bitten Dich um Deinen Geist:

- daß Deine Kirche für die Menschen sei:
  eine einladende Kirche;
  eine Kirche der offenen Türen;
  eine wärmende, mütterliche Kirche;
  eine Kirche aller Generationen.

V: Wir rufen zu dir:
A: Ky - ri - e e - lei - son.

- Laß deine Kirche sein
  eine Kirche, die mit den Menschen lacht
  und mit den Menschen weint;
  eine Kirche, der nichts fremd ist
  und die nicht fremd tut;
  eine menschliche Kirche, eine Kirche für uns.
  Kantor/in: Wir rufen zu Dir.
  Alle: Kyrie eleison.
- Laß Deine Kirche sein
  eine Kirche der Kleinen, der Armen
  und Erfolglosen, der Mühseligen und Beladenen,
  der Scheiternden und Gescheiterten –
  im Leben, im Beruf, in der Ehe.
  Kantor/in: Wir rufen zu dir.
  Alle: Kyrie eleison.
- Herr, deine Kirche sei ebenso eine Kirche
  der Würdigen wie der Unwürdigen,
  der Heiligen, aber auch der Sünder.
  Kantor/in: Wir rufen zu Dir.
  Alle: Kyrie eleison.
- Laß uns sein
  eine Kirche – nicht der frommen Sprüche,

sondern der stillen, helfenden Tat.
Eine Kirche des Volkes.
Kantor/in: Wir rufen zu dir.
Alle: Kyrie eleison.
Herr, unser Gott, dein ist der Tag und dein ist die Nacht. Laß Christus, die Sonne der Gerechtigkeit, in unseren Herzen nicht untergehen, damit wir aus dem Dunkel dieser Zeit in das Licht gelangen, in dem du wohnst. Darum bitten wir durch ihn, Jesus Christus.
Alle: Amen.

oder: (am Morgen)
Hell leuchtet dein Licht, guter Gott. Du bist das Licht der Welt. Wir rufen zu dir:
- Erfülle an diesem Morgen neu deine Kirche mit dem Heiligen Geist, alle Frauen und Männer, die einen Dienst in ihr ausüben, die Getauften aller christlichen Kirchen. Dein Licht leuchte uns.
Alle: Dein Licht leuchte uns.
- Belebe an diesem Tag alle Menschen guten Herzens, die sich für Frieden, Gerechtigkeit und die Bewahrung der Schöpfung einsetzen. Dein Licht leuchte uns.
- Richte heute alle Menschen auf, die von Krankheit, Angst und Sorge niedergedrückt werden. Dein Licht leuchte uns.
- Schenke uns deinen schützenden Segen und gibt uns heute den Mut, leuchtende Zeugen und Zeuginnen des Glaubens an dich zu sein. Dein Licht leuchte uns.

Jeden Tag, den wir mit dir beginnen, gehen wir mit großer Hoffnung an. Wir vertrauen dir, daß du uns erhörst, guter Vater, durch Jesus Christus, unseren Herrn.
Alle: Amen.

oder: (am Abend)
Jede Finsternis wird hell durch deine Gegenwart. So bitten wir dich, den lichtvollen Gott, am Ende dieses Tages:
- Laß deine Kirche nicht müde werden, Leuchtturm der Hoffnung für die Menschen heute zu sein. Sende uns deinen Heiligen Geist.

Alle: Sende uns deinen Heiligen Geist.
- Verzeihe uns die Sünden, die wir an diesem Tag begangen haben und schenke uns Besinnung, Erholung und Neuanfang. Sende uns deinen Heiligen Geist.
- Die Frauen und Männer, die arbeitslos sind, die Menschen, die an einer schweren Krankheit leiden, diejenigen, die um einen Verstorbenen trauern, alle, die betrübt sind, stärke mit deinem Beistand. Sende uns deinen Heiligen Geist.
- Allen, die heute gestorben sind und in dieser Nacht sterben werden, komm entgegen mit dem hellen Licht des ewigen Lebens. Sende uns deinen Heiligen Geist.

Dir, gütiger Gott, bringen wir unsere Bitten dar. Denn du bist die Kraft unseres Lebens, unsere Hoffnung, unser ewig leuchtendes Licht – durch Jesus Christus, unseren Herrn.
Alle: Amen.

Überleitung: Fassen wir alle unsere Bitten und Anliegen im Gebet des Herrn zusammen ...

Vater unser

Schlußgebet
Ewiger lichtvoller Gott,
unsere Zeit steht in deinen Händen.
Du hast diesen Morgen/Abend mit deinem Wort
und deiner lichtvollen Gegenwart geheiligt.
Wir danken dir und atmen frohen Herzens auf.
Schenke uns deinen Segen,
damit wir Licht werden für die Welt
und auch durch uns dein Licht aufleuchtet.
Darum bitten wir vom Heiligen Geist ermutigt
dich, den gütigen Gott, durch Jesus Christus,
unseren Herrn.
Alle: Amen.

Segen mit dem Evangelienbuch
Mit seinem lichtvollen Wort
segne und erleuchte uns der dreieinige Gott: der Vater, der Sohn und der Heilige Geist.
Alle: Amen.

Lied: Ein große Stadt ersteht (GL 642, 1–3)

Musik zum Auszug